KENICHI OHMAE

「BBT×PRESIDENT」
Executive Seminar Library Vol.13

大前研一 編著

大前研一「7割経済」で勝つ新デジタルシフト

「BBT×プレジデント」
エグゼクティブセミナー選書 Vol.13

プレジデント社

はじめに

新型コロナウイルス禍にあって、「7割経済」という言葉がクローズアップされている。文字どおり、コロナによる人々の消費行動や働き方の変化によって企業の売上高が激減し、経済規模がコロナ前の7割程度まで縮小してしまったことを示している。

経済規模が縮小してしまっても、そのなかで勝者になればいいのである。現在は、インターネットによって新しいビジネスが続々と生まれている。とくに本書で主に取り上げる「アイドルエコノミー」は、眠っている遊休資産をテクノロジーを活用して利益を生ませるという意味では、「7割経済」で勝ち抜くための最適な手段といえる。

海外ではテクノロジーを活用することで、従来の業界の枠組みを根底から破壊するようなサービスが続々と生まれている。さらに、つい最近まで新興国と呼ばれていた国がテクノロジーによって、一挙にイノベーション大国に変貌することが現実に起こっているのである。

もちろん、新しいテクノロジーが生まれることによって、新たなリスクや課題が生まれることも事実である。本書ではそのような側面にも目を向けた。本書によって、テクノロジーが生み出す新たなエコノミーの姿を、読者が正しく理解することを切に願っている。

【パート1　アイドルエコノミー】

誰かが所有していて、使用されていない（＝アイドル状態にある）リソースを、ユーザーとマッチングさせて利益を創出するサービス形態を「アイドルエコノミー」という。

この分野の先駆者がウーバーとエアビーアンドビーである。前者は一般ドライバーと車を利用したい人を、後者は空き部屋のオーナーと宿泊場所が必要な人をマッチングするサービスで、ともに驚くべきスピードで世界展開を果たした。

現在、アイドルエコノミーはさらに進化して、単なる事業者による空きリソースとユーザーのマッチングだけでなく、周辺ビジネスを巻き込んでエコシステム（生態系）を形成するようになりつつある。まさにアイドルエコノミーは1・0から2・0に進化しつつあるのだ。

アイドルエコノミーの進化を加速させる要因には、ＩｏＴ（モノのインターネット）、ＡＩ（人工知能）、ＡＰＩ（アプリケーション・プログラミング・インタフェース）などのテクノロジーの進化、人々の低欲望化、ミレニアル世代やジェネレーションＺのような新たな価値観をもった消費者の登場などが考えられる。

とりわけ中国では、インターネットやスマートフォンの普及と約一四億人の消費パワー、さらに事業化の旺盛なチャレンジ精神と新しいサービスを受け入れることに抵抗をもたない国民性などが相まって、ここ数年でアイドルエコノミー2・0が急速に拡大した。

一方、日本では「リスクはできるだけとりたくない」と、いまだにオールドエコノミーしか頭にない人が多いようだ。また、既存業界を守る規制が新しい業態の発展を阻止している。しかし、全国の空き家率が一三％を超えていることからもわかるように、その気になればこの国には、空きリソース（遊休資産）がいくらでも見つかる。つまり、ビジネスの可能性が無限にあるのだ。

本パートでは、アイドルエコノミーの解説に加え、実際にアイドルエコノミーでビジネスを展開している企業の事例を多数掲載した。これらを参考に、ぜひあなたもアイドルエコノミーの新事業を考えてみてほしい。

【パート２　中国ニューエコノミー】

中国と聞いて、いまだに「低賃金の労働者が働く世界の工場」というイメージしか頭に浮かばない人は、一刻も早くその認識をアップデートしなければならない。

中国は現在国を挙げて、これまでの「世界の工場」から「創新（イノベーション）経済」へ産業構造の転換を図っている。政府が二〇一五年に発表し、その内容がアメリカを激怒させた「中国製造２０２５」は、そのための周到なロードマップだ。

まさに政府主導でオールドエコノミーから、ハイテク技術や新しいサービスを生み出すニューエコノミーへ、経済モデルの大転換を図っているのが今の中国なのである。

巨大な国内市場、十分なインフラ、規制の少なさ、豊富なＩＴ人材など、中国にはニューエコノミーが成長する環境が整っている。

もうひとつ大きいのが、「ＢＡＴ」と呼ばれるバイドゥ、アリババ、テンセントなどの存在だ。これら大手ＩＴ企業が自分たちのグループに引き入れようと、有望なスタートアップ企業に巨額の資金を精力的に投資している。その結果、評価額一〇億ドル以上の非上場の、いわゆるユニコーン企業が続々と誕生し、ニューエコノミーの担い手となっているのだ。

さらに、今日では、平安保険の他に、次世代のニューエコノミーを担う存在として、「ＴＭＤ」と称されるトウティアオ（ニュースアプリ）、メイトゥアン（ＥＣ）、ディディ（ライドシェア）にも注目が集まっている。

米中貿易戦争は継続中だし、新型コロナウイルス感染症（ＣＯＶＩＤ-19）による影響もいまだに予断を許さない状態だが、それでも長期的に見れば、中国で起こっているニューエコノミーがこれからの世界経済をけん引していくようになる可能性は高いといっていい。

さて、ひるがえってわが国はというと、残念ながら中国に大きく水を空けられてしまった。日本企業はまずその事実を認め、真摯《しんし》な気持ちで中国ニューエコノミーを研究するべきだ。本パートに収録したレジェンド・キャピタルのパク・ジュンソン氏の話は大いに参考になるだろう。

そして、できれば中国市場に進出し、実際に体験してみることだ。そのうえで、中国企業と提携したり、イノベーションを取り込んだりして、自らもニューエコノミーを利用し、自社の発展につなげるのである。

もちろん、中国市場の開拓には、日本にはない難しさがある。何に注意しながらどのようにビジネスを展開していけばいいのかといったことは、中国で動画メディア「C CHANNEL」を運営している森川亮氏の講義をぜひ参考にしてほしい。

中国ニューエコノミーは日本にとって脅威かもしれない。だが、それはビジネスチャンスにもなり得る。本書がその道しるべとなることを信じている。

二〇二〇年九月

大前研一

目次

第二章　0から1を創り出す

第三章

第四章

第五章　発想とITで人々の日常にワクワクを　天沼　聰

パート2　中国ニューエコノミー編

第三章　中国経由、アジアナンバー1の動画メディアへ

図版制作　室井浩明（STUDIO EYES）

パート1
アイドルエコノミー編

第一章 **大前研一**
（株式会社ビジネス・ブレークスルー 代表取締役会長、
ビジネス・ブレークスルー大学 学長）

第二章 **河野貴輝**
（株式会社ティーケーピー 代表取締役社長）

第三章 **金谷元気**
（akippa株式会社 代表取締役社長）

第四章 **甲田恵子**
（株式会社AsMama 代表取締役CEO）

第五章 **天沼 聰**
（株式会社エアークローゼット 代表取締役社長兼CEO）

第一章

アイドルエコノミー2.0

拡大・普及期を迎えたシェアリングエコノミー

大前研一

図1

アイドルエコノミーとは

	販売	シェアリングエコノミー（所有から利用）	アイドルエコノミー（未利用を有効利用）
意味	●業者が製造・仕入れたモノを販売する ●顧客は、購入・所有する	●業者が所有しているものを貸し出す（シェア、レンタルする） ●所有から利用を促進	●元々誰かが所有しているものを使わせてもらって利益を稼ぐ ●固定費型で、空き状況や時間によって価格を調整して限界利益を稼ぐ
イメージ	自動車会社　ユーザー（顧客）	事業者（自動車所有）　ユーザー	一般ドライバー　ユーザー
例	●別荘	●ホテル・貸別荘・共同所有別荘	●空き別荘／空き部屋マッチング（Airbnb、ホームアウェイなど）
	●自社所有スペース	●レンタルスペース	●空きスペースのマッチング（軒先など）
	●バッグの販売	●バッグのレンタル（ラクサス）	●他人所有バッグのマッチング（ラクサスX）
	●人材	●人材派遣 ●自社バイヤー	●クラウドソーシング（クラウドワークス） ●BUYMA（パーソナルショッパー）

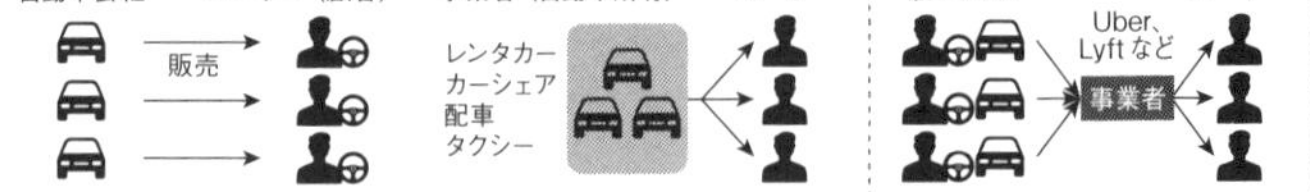

資料：BBT大学総合研究所© BBT大学総合研究所

アイドルエコノミーとは

自らはリソースをもたず、誰かが所有している「空き（idle）リソース」を、ユーザーとマッチングさせて収入を得る。これが「アイドルエコノミー」の定義だ（図1）。

似た言葉に「シェアリングエコノミー」があるが、これは貸別荘やレンタカーのように、「まず業者が所有し、それをユーザーに貸し出す」というビジネスモデルなので、アイドルエコノミーよりもスコープが狭いといえる。

アイドルエコノミーを、遊園地にある観覧車を使って説明してみよう。

週末は順番待ちが当たり前だが、平日の昼間は時間帯によってかなり空いていて、ときには半分以上のゴンドラが無人のまま動いている観覧車がある。このようなアイドル状態のゴンドラは利益を生まないので、明らかに電気やスタッフの無駄である。そこで、これを解決するために「バリアブル・プライシング（Variable Pricing）」という手法を使うのだ。具体的にいうと、通常は七五〇円の料金を、お客さんがいないときだけ四〇〇円にするのである。

ただし、マスメディアを使ったブロードキャスティングでこれを行うと、値段を元に戻そうとしてもお客さんが納得しない。そのため、バリアブル・プライシングの導入は、これまであまり現実的とはいえなかった。

ところが、スマートフォンとGPS、さらにＬＩＮＥなどのＳＮＳが普及した現在、今このとき近くにいる人に対してだけ、特別価格情報を秘かに伝えるナローキャスティングができるようになった。これを利用することで、価格を時間の関数にして、限界利益によるプライシングをすれば、アイドル状態を解消できるというわけだ。

企業・行政の遊休資産を活用したビジネス

このアイドルエコノミーの考え方を使ったサービスは、すでに続々と登場してきている。

たとえば、エニグモの「ＢＵＹＭＡ（バイマ）」は、アパレルとブランド関係のネット通販サイトだ。ただし、商品の出品者は企業ではなく、パーソナルショッパーである。そして、このパーソナルショッパーと購入者の間に「BUYMA」が入り、ここがエスクロー(第三者預託)するという仕組みになっている。

このサービスのどこがアイドルかというと、それはパーソナルショッパーの存在だ。「BUYMA」のパーソナルショッパーを務めている人々の多くが、海外に駐在している日本人ビジネスパーソンの妻(パートナー)または子弟なのである。夫は現地の会社で仕事をしているが、妻のほうは、働きたくても、日本にいるときのように簡単に仕事を見つけることはできない。そのため、昼間の時間を持て余している人が少なくない。「BUYMA」はこのような妻たちのアイドル時間と能力に目をつけ、彼女たちを地元のショップで買い付けを行うバイヤーとしたのである。現在、このパーソナルショッパーは全世界で一〇万人を超えるという。「BUYMA」の目のつけどころはきわめて正しかったのだ。

日本では、安倍前政権がアベノミクスの旗を振り続けていたにもかかわらず、経済成長率が二%にも届かない状況が続いた。人々のマインドも内向き、下向き、後ろ向きだ。だが、ひとたび「アイドルエコノミー」という発想ができるようになれば、実は日本ぐらいビジネスチャンスが広がっている国はないのである。なにしろ、空いているものばかりなのだから。

たとえば、総住宅数に占める空き家の割合が一三・五%と非常に高い。土地も空いている。岩手県知事や総務相などを務めた増田寛也氏(日本郵政社長、東京大学公共政策大学院客員教授)が座長を務める民間研究会の調査によると、所有者不明の土地を全部足すと、九州と同じ面積になるという。これが二〇四〇年になるとさらに増え、なんと北海道に匹敵する大きさになるのだ。

地方中核都市周辺で空き家を買って改装し、新築よりもはるかに安い値段で提供する企業（カチタス）なども躍進している。

〝次世代のカプセルホテル〟と呼ばれているファーストキャビンも、空いている土地に注目し、そのようなところに施設をどんどんつくり、気がつけば日本有数の規模にまで成長してきている。

このようなアイドルエコノミーを前提としたエコシステムが、日本でも着実にできあがりつつあるといっていいだろう。

ユニコーン企業の中心は、アイドルエコノミー型ビジネス

評価額一〇億ドル以上の非上場で設立一〇年以内のベンチャー企業を「ユニコーン企業」と呼ぶ。このユニコーン企業の数を国別に見てみると、アメリカが一〇八社、中国が五八社と米中二強状態となっている（図2左）。ちなみに日本はわずか一社（ＡＩ開発を手がけるプリファードネットワークス）と、米中の足元にも及ばない状態である。

さらに、ユニコーン企業の企業価値ランキングでは、上位一〇社のうち、アイドルエコノミー型（例　ウーバー、ディディ、エアビーアンドビー、ルーファックス）とシェアリングエコノミ

図2

ユニコーン企業に占めるアイドルエコノミー型企業の割合

国別のユニコーン企業数（社）

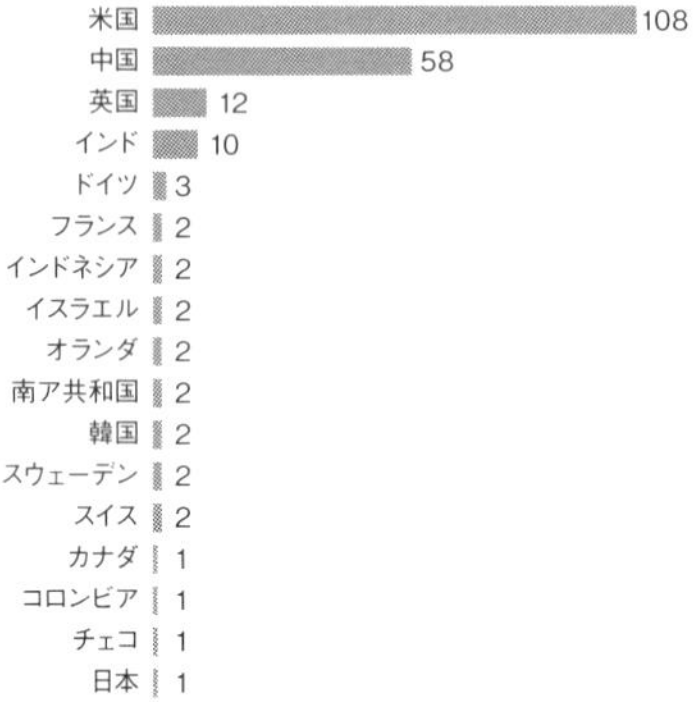

ユニコーン企業の価値ランキング

アイドル型　シェアリング型

	企業名	企業価値（億ドル）	事業内容
1	Uber（米）	680	ライドシェア
2	Didi Chuxing（中）	500	ライドシェア
3	Xiaomi（中）	460	スマートフォン製造
4	China Internet Plus Holding（中）	300	eコマース
5	Airbnb（米）	293	民泊
6	SpaceX（米）	212	ロケット・宇宙船開発
7	Palantir Technologies	200	ビッグデータ
7	WeWork（米）	200	コワーキングオフィス
9	Lufax（中）	185	フィンテック
10	Pinterest（米）	123	写真共有

資料：CB Insightsウェブサイト ©BBT大学総合研究所

ー型（例　ウィーワーク、ピンタレスト）の企業が六社を占めており（図2右）、今後もユニコーン企業の中心となっていくことが予想される。

「アイドルエコノミー2・0」とは

当初、アイドルエコノミーは、事業者が間に立って空きリソースをユーザーにマッチングさせるモデルだった。これを「アイドルエコノミー1・0」とすると、現在はさらに周辺ビジネスを巻き込んでエコシステム化した「アイドルエコノミー2・0」に急速に進化しているといえそうだ。

自動車関連でいえば、一般ドライバーとユーザーをマッチングさせるだけだった初期のウーバーやリフトが「アイドルエコノ

図3

アイドルエコノミー1.0から2.0へ（自動車の場合）

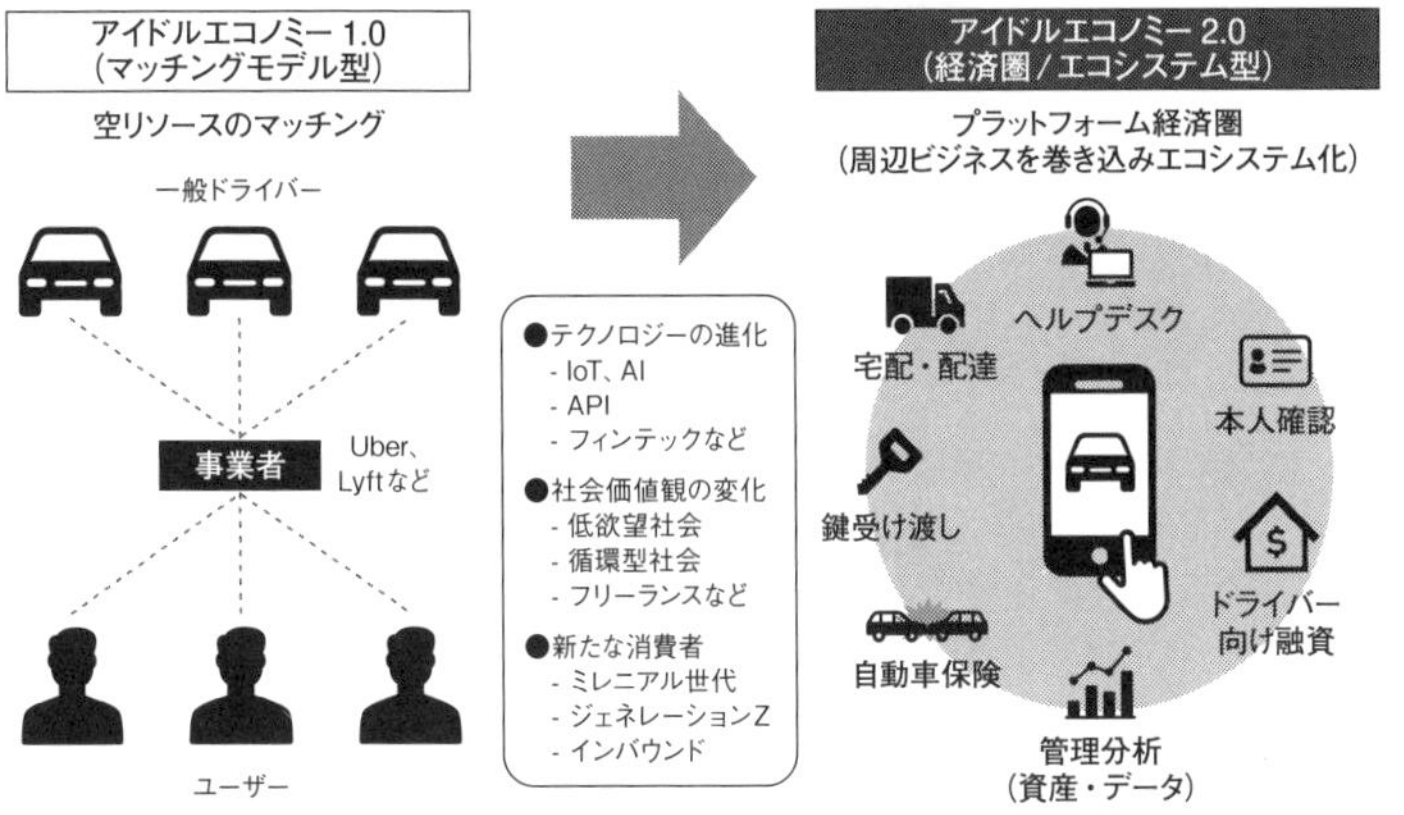

資料：BBT大学総合研究所 ©BBT大学総合研究所

ミー1・0」といえる。これが「アイドルエコノミー2・0」になると、ヘルプデスク、本人確認、ドライバー向け融資、資産やデータの管理分析、自動車保険、鍵の受け渡し、宅配・配達などが加わって、プラットフォーム経済圏ができあがる（図3）。

アイドルエコノミーが1・0から2・0に進化した要因は、次の三つである。

①IoT、AI、API、フィンテックなどのテクノロジーの進化

②低欲望社会、循環型社会、フリーランス人口の増加、といった社会の価値観の変化

③新たな消費者の登場（ミレニアル世代、ジェネレーションZ、インバウンド）

図4

配車／ライドシェアをめぐる関係

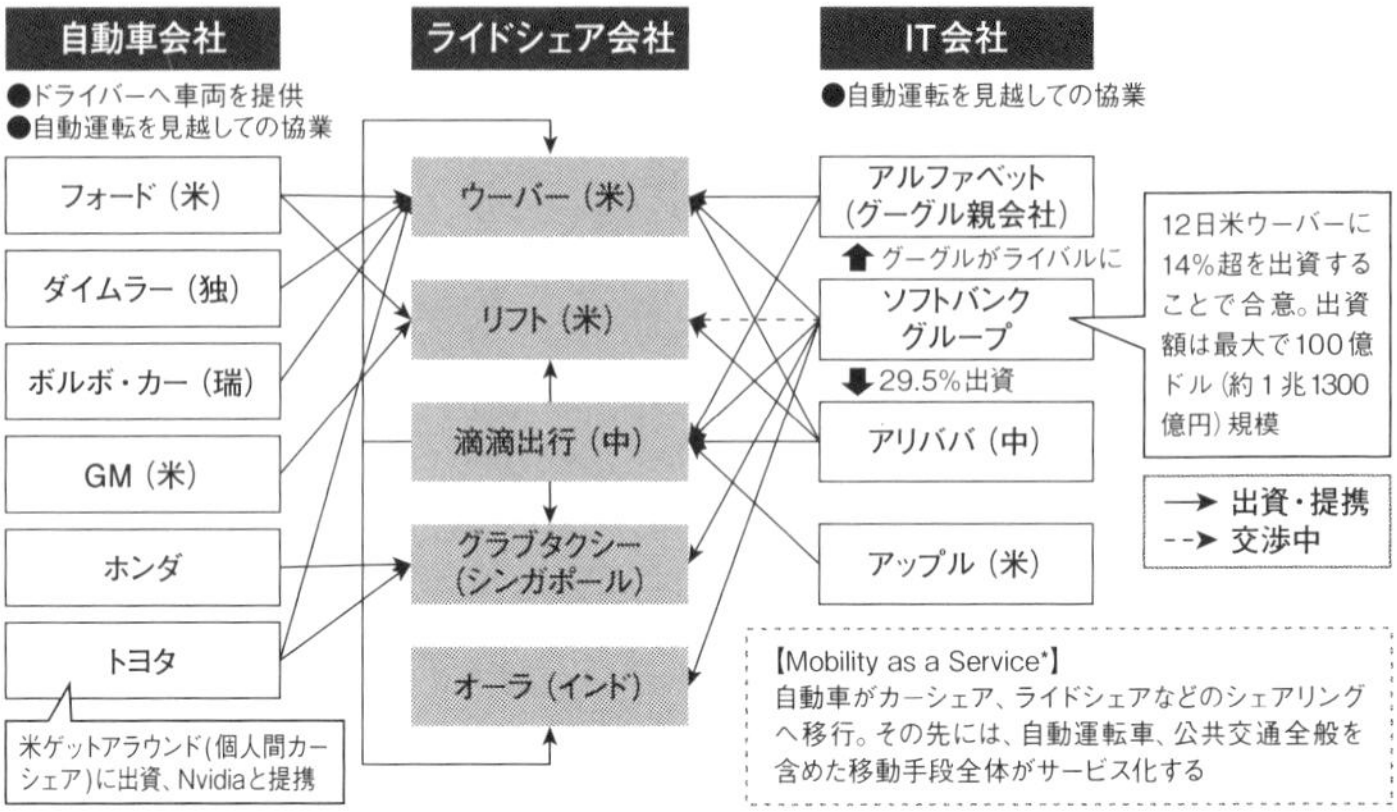

資料：「日本経済新聞」2017/10/21、11/13 ©BBT大学総合研究所

たとえば、現在三五歳前後のミレニアル世代は、「所有する」ということにあまりこだわりがない。自動車でもバッグでも、「安く借りられるのであれば、それでいい」という感覚なのだ。また、月に二〜三回しか乗らない自動車を駐車場に置いて「私は車を所有しています」ということをアピールするような途上国的プライドも、彼らは無縁だといっていい。

配車／ライドシェアをめぐる関係

配車／ライドシェアの分野では、今後自動運転化が進むことを見越した自動車会社、ライドシェア会社、IT会社の連携が相次いでいる（図4）。この合従連衡の背景にあるのは、これから主流になることが予想される「ＭａａＳ型」のビジネスモデルだ。

ＭａａＳとは、Mobility as a Service の略であり、ＩＣＴ（情報通信技術）を活用して交通をクラウド化し、公共交通か否か、またその運営主体にかかわらず、自家用車以外のすべての交通手段による移動をひとつのサービスとして捉え、シームレスにつなぐ新たな「移動」の概念である。つまり、ＭａａＳが主流となるこれからの世の中では、自動車が個人の所有物から、みんなでシェアして使うものとなり、移動手段全体がサービス化するのである。

ところが、日本の自動車メーカーは、自動運転の実現がすぐそこまできているというのに、いまだに「Fun to Drive」とか「Be a Driver」などとＴＶＣＭで連呼している。いったいどこまで世界の潮流を理解しているのか、不安を感じずにはいられない。

ちなみに、シンガポールでは、すでに自動運転の実験が始まっている。お客さんがＡ地点からＢ地点に行く場合は、まず自動運転車を自宅に呼び出し、その車で最寄りの駅まで移動する。そこから先は公共交通機関を利用して、目的地近くの駅まで行き、そこからまた自動運転車でＢ地点まで行くということができるのだ。これで街を走る車の数が減るため、二酸化炭素の排出量も削減できるというメリットもある。

図5

各国・地域のタクシー配車／ライドシェアサービス

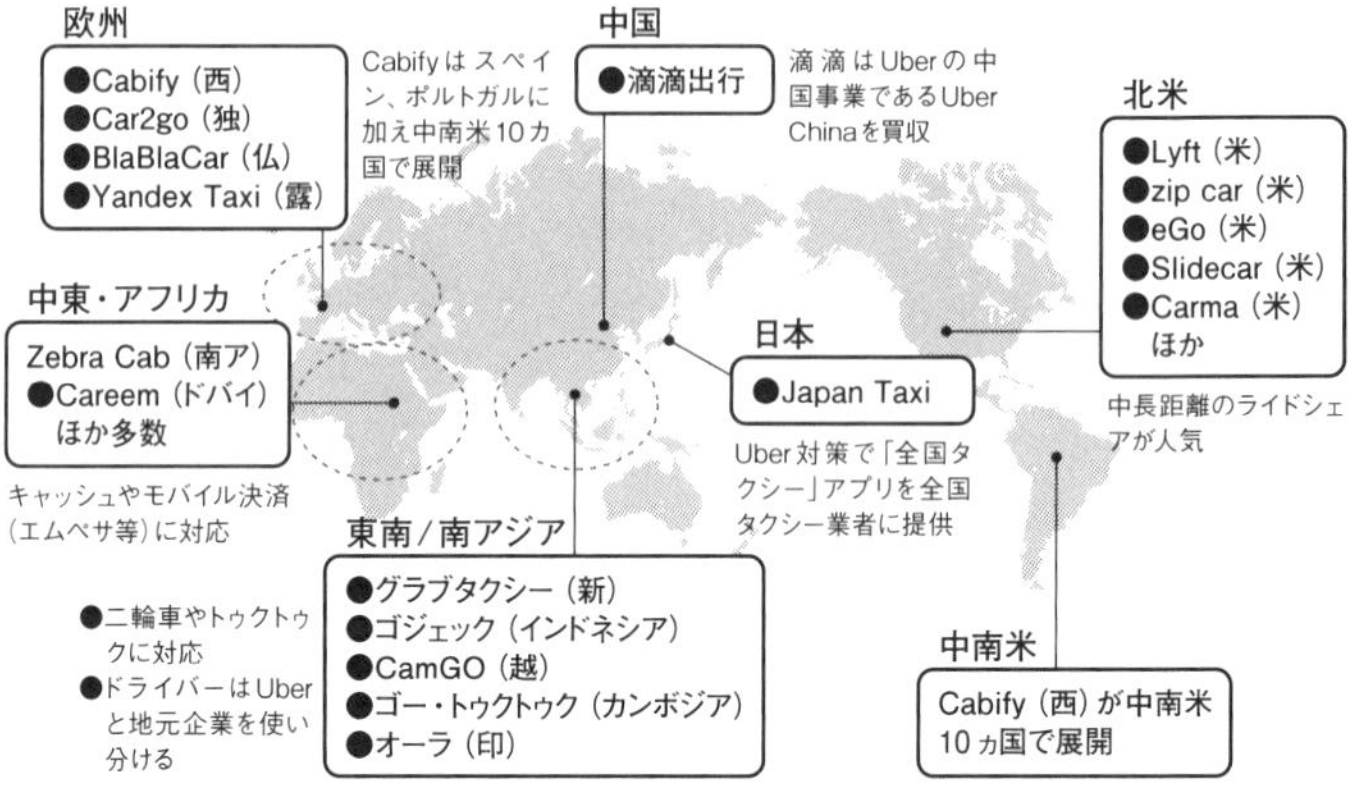

資料：BBT大学総合研究所 ©BBT大学総合研究所

アイドルエコノミーの事例①
タクシー配車／ライドシェアサービス

この分野で有名なのは、アメリカのウーバーである。

ただし、スマートフォンやクラウドコンピューティングの普及により、サービス設計のハードルが下がったこともあって、世界中の国・地域では、現在、タクシー配車／ライドシェアサービスが勃興している（図5）。

代表的な会社は、北米のリフト（Lyft）やジップカー（zip car）、ドイツのカーツーゴー（Car2go）、スペインのキャビファイ（Cabify）、そして、中国のディディ（Didi

図6

アイドルエコノミーの事例：移動①
滴滴出行

滴滴出行の概要

会社名	滴滴出行／ディディチューシン
本　社	中国／北京市海淀区
創業年	2012年6月
代表者	程維／チェン・ウェイ（創業者、CEO） 柳青／ジーン・リウ（総裁） *柳青総裁の父は、中国パソコン大手レノボの創始者・柳伝志氏

［概　要］
- タクシー配車とライドシェアの中国最大手
- 中国400都市で4.4億人以上のユーザーが利用
- 16年8月にUberの中国事業（ウーバーチャイナ）を10億ドル（約1,140億円）で買収
- 程氏の謙虚な人柄と人の意見に耳を傾ける姿勢で多くの有能な人材や投資家を引き付けてきたことはUberのトラビス・カラニック元CEOとは対照的

【参考】滴滴とUber Chinaの合併前の状況と合併スキーム

滴滴出行	VS	Uber China
2012年6月	設立時期	2014年7月
280億ドル	企業価値	70〜80億ドル
85.3%	中国市場シェア（16年1Q）	7.8%
400以上の都市	範囲	60以上の都市

両社の年間損失額は、2015年に滴滴出行1700億円、Uber China1200億円と言われており、実に年間3000億円もの投資家の資金が流失していた

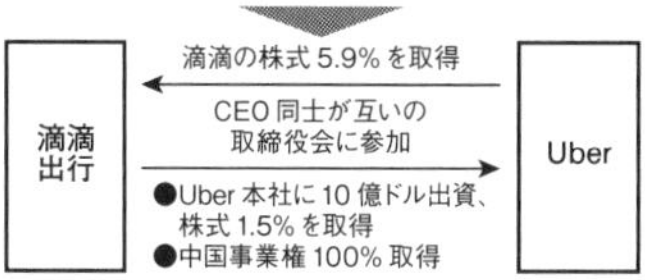

資料：滴滴出行、ほか各種資料より作成 ©BBT大学総合研究所

Chuxing　滴滴出行）などだ。
以下、各社について解説する。

1．ディディ（中国）

ウーバーは中国進出を企てたものの、四〇〇の都市で四億人以上のユーザーをもつディディの牙城を崩すことができず、結局ディディの株式の五・九％と交換して、中国市場から撤退してしまった（図6右）。

創業者であり現CEOの程維《ていい》氏は、一九八三年生まれのまだ三〇代。大学を卒業後、アリババグループに入社し、法人部門の営業やキャッシュレスシステム「アリペイ（支付宝）」部門のプロダクトマネジャーなどの経験を積んだ後、二〇一二年に現在のディディを創業する。二〇一五年にライバ

図7

滴滴出行の収益モデル

配車／ライドシェアサービス

	滴滴出行	Uber China
スタンダードサービス	滴滴快車	People's Uber
プレミアムサービス	滴滴転車	Uber X Uber Black
ライドシェア	滴滴順風車	People's Uber+
コミッションの割合（一例）	輸送1件あたり0.5元＋売上の21.88%	売上の20% （Uber X、Uber Black）
ペイバック	ラッシュ時に3件完遂すると60元	あり

クーポンやキャンペーンなどで、乗客に対する実質的な割引価格も競うように提供。乗客にディスカウントを与え、ドライバーには報奨金を与え、共に収益は悪化

走行データの分析・販売

- ライドシェアやタクシーサービスなどのサービスについては、各種データを収集するためのものとしていたようにも見受けられる
- 優秀なアナリストを集めてデータ分析をし、その結果を販売する、あるいはさまざまな業種のコンサルティングを行うことでも収益を上げていた

例）
「金曜日の夜、北京の人は火鍋を食べにいくか、北京ダックを食べにいくか」という設問に対し、適切なアドバイスを与えることができる

資料：SPEEDA総研、j-net21、ほかより作成 ©BBT大学総合研究所

ル企業と合併し、タクシー配車とライドシェアで中国最大手となった。

また、現在ディディの総裁を務めるジーン・リウ（柳青《りゅうせい》）氏の父は、中国のパソコン大手レノボ（Lenovo 聯想）の創始者である柳伝志《りゅうでんし》氏である（図6左）。彼女はアメリカに留学し、ハーバード大学博士課程からゴールドマン・サックスに入行している。その後、同行でアジア太平洋地区の最年少執行役員となり、二〇一四年にディディに総裁として迎え入れられている。また、ディディは「BAT」と呼ばれる中国三大プラットフォーマーであるバイドゥ、アリババ、テンセントの三社すべてから出資を受けている企業としても知られている。

ディディが中国におけるウーバーとのシェア争いに勝つことができた要因のひとつ

が、配車／ライドシェアサービスだけでなく、走行データの分析と販売も含んだ収益モデルだ（図7左）。

ライドシェアやタクシーサービスから得られるデータを収集し、優秀なアナリストが分析した結果を販売する、あるいは、それらを使っていろいろな業種のコンサルティングを行うことでも、ディディは収益を上げていたのである（図7右）。

たとえば、「北京でより多くの人が金曜の夜に食べに行くのは、火鍋と北京ダックのどちらか」といった問いに対しても、適切な回答を導き出せるため、コンシェルジュサービスも可能というわけだ。

2. ウーバー（アメリカ）

ウーバーは、「配車サービス」というビジネスモデルを構築し、アメリカで一気に普及した。しかし、その一方で、他の国や地域では、地元のタクシー業界の壁に阻まれることも少なくない。また、ウーバーの配車サービスは模倣が比較的容易なビジネスモデルであることも、苦戦の原因となっている（図8左）。配車サービスに頼った成長には限界が見えてきたといっていい。

そこで同社は、レストランや配達員（ドライバー）とユーザーをマッチングする「ウーバーイーツ（Uber EATS）」のような横展開で、活路を見出そうとしている（図8右）。ただし、日本では、

図8

アイドルエコノミーの事例：移動②
ウーバー

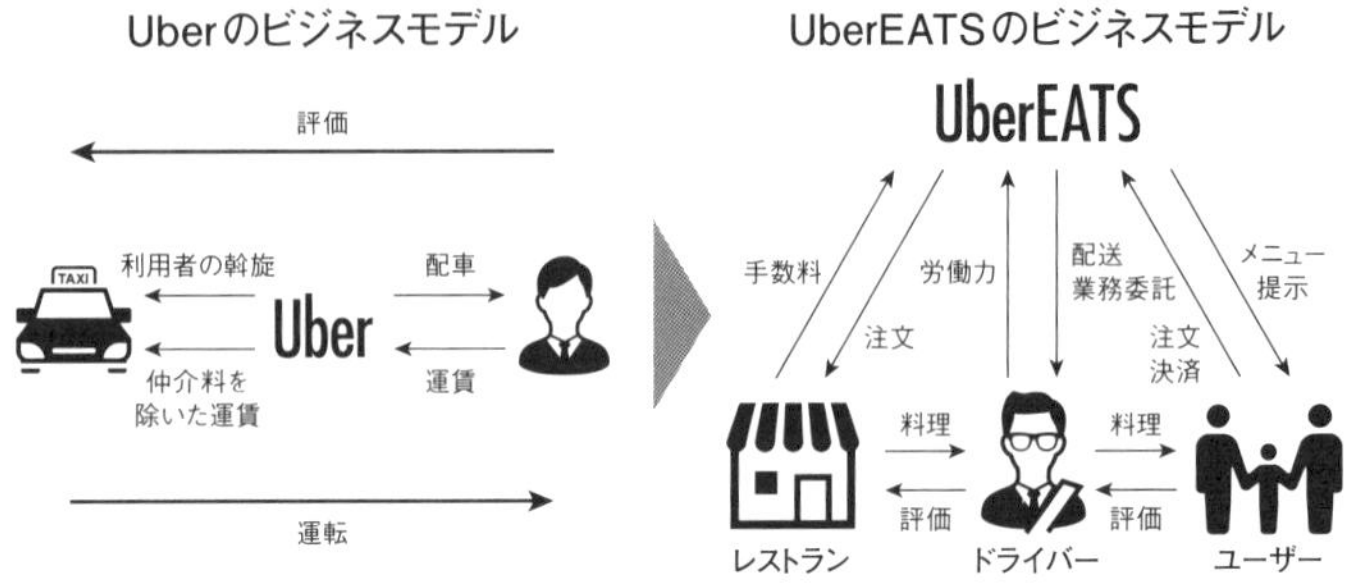

- 比較的模倣がたやすいビジネスモデル
- 米国で普及が進む一方で、他の都市ではタクシー業界の壁を打ち破れない
- 配車サービスには限界が見えてきた

- 配車のシステムをUberEATSで横展開
- レストラン、配達員、ユーザーをマッチング
- 将来的に最も大きな競合相手となる可能性がある企業としてアマゾンが挙げられる

資料：j-net21、ビジネス＋IT、ほかより作成 ©BBT大学総合研究所

今のところタクシーが荷物だけ運んで料金をとることは法律で認められていないため、ウーバーイーツのようなサービスを行うことは難しい（注　コロナウイルス感染拡大下の期間限定の特別措置として、２０２０年５月から名古屋、広島のタクシー事業者が「ウーバーイーツ」のサービスを開始。その後、これを常時可能にするように法改正が行われた）。

3．ローディー（アメリカ）

アメリカのジョージア州のアトランタに本社を置くローディー（Roadie）は、荷主とドライバーを仲介するプラットフォームを提供している。まさに「ウーバーの物流版」ともいうべきサービスだ（図9左）。

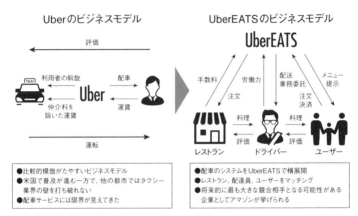

図9

アイドルエコノミーの事例：移動③ ローディー

米Roadie社の取組概要

- Roadie社（米/アトランタ）は、自家用自動車による旅客輸送の人流を中心としたプラットフォームを提供するUber社の物流版
- 商用輸送トラックではなく、既存の物流業界外における一般ドライバーの自家用自動車による有償の貨物運送を実現している
- 2015年3月からアメリカ全土へ展開し、アプリのダウンロード件数は25万件超、登録ドライバーは2万人超

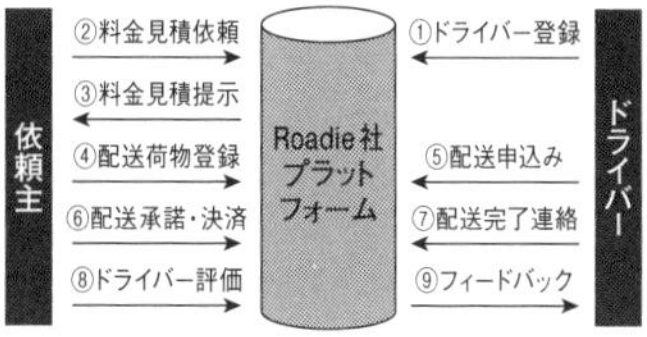

荷主とドライバーを仲介するサービス

Amazon Flex（米）	Amazon Prime Nowの配送向け。登録したドライバーがアマゾンの倉庫で商品を受け取り注文者の自宅へ配送する
DoorDash（米）	飲食店の食事を配送。ドライバーは依頼のあった飲食店から料理を受け取って配送する
Shyp（米）	荷物画像と配送先情報を登録すると、集荷～配送を代行する。配送はルートや荷物サイズなどから最適な事業者を設定
セルート（東京/新宿）	配送アプリ「DIAq（ダイヤク）の提供を開始。トラック運転手だけではなく自転車や原動機付き自転車をもつ一般の人も登録できる
Cbcloud（東京/千代田）	企業間物流に限定していた配送サービス「PickGO」を個人も利用可能にする。約1,600人のトラック運転手が登録
ラクスル（東京/品川）	荷主とドライバーの仲介サービス「ハコベル」の集荷可能地域を大阪や兵庫など関西圏にも拡大。ヤマトHDとも提携

資料：みずほ銀行「みずほ産業調査Vol.57」「日本経済新聞」ほかより作成 ©BBT大学総合研究所

二〇一五年三月からアメリカ全土に展開しており、これまで二五万件のアプリがダウンロードされており、また登録ドライバーも二万人を超えている。

このローディーのような、荷物を運んでほしい個人と運びたい個人とをマッチングするサービスは、日本でもCB cloudやラクスルなどが手がけ、ラストワンマイルの物流を変革しつつある（図9右）。

アイドルエコノミーの事例② スペース（空間）

次に、空きスペースを活用したアイドルエコノミー各社の事例を紹介する。

図10

アイドルエコノミーの事例：スペース①
エアビーアンドビー

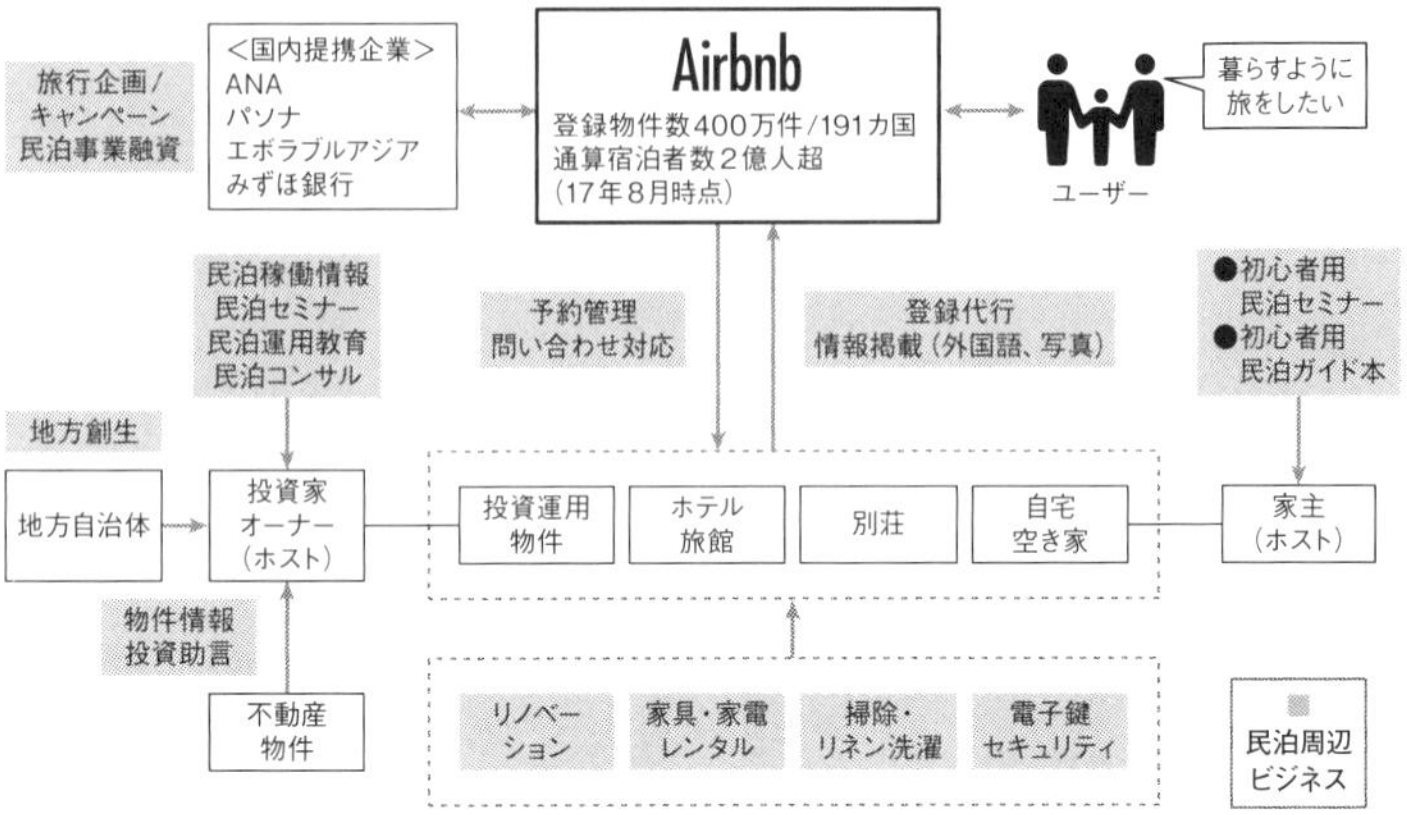

資料：Airbnb、「日経産業新聞」ほか各種文献・記事より作成 ©BBT大学総合研究所

1．拡大する「エアビーアンドビー経済圏」

アイドルエコノミーの領域において、ウーバーとともに早くから注目されてきたのが、民泊の仲介を行うエアビーアンドビー（Airbnb）だ。

二〇〇八年のサービス開始以来、登録物件数は一九二カ国三万三〇〇〇都市で四〇〇万件におよび、通算宿泊者数も二億人を超えている。

近年ウーバーの勢いに陰りが見えはじめたのに対し、エアビーアンドビーのほうは、既存企業や民泊の運用代行業などの民泊周辺ビジネスと共創しながら、「暮らすように旅をする」というユーザー目線のサービスを志向したエコシステム、いうならば「エアビーアンドビー経済圏」を形成し、

図11

アイドルエコノミーの事例：スペース②
ティーケーピー

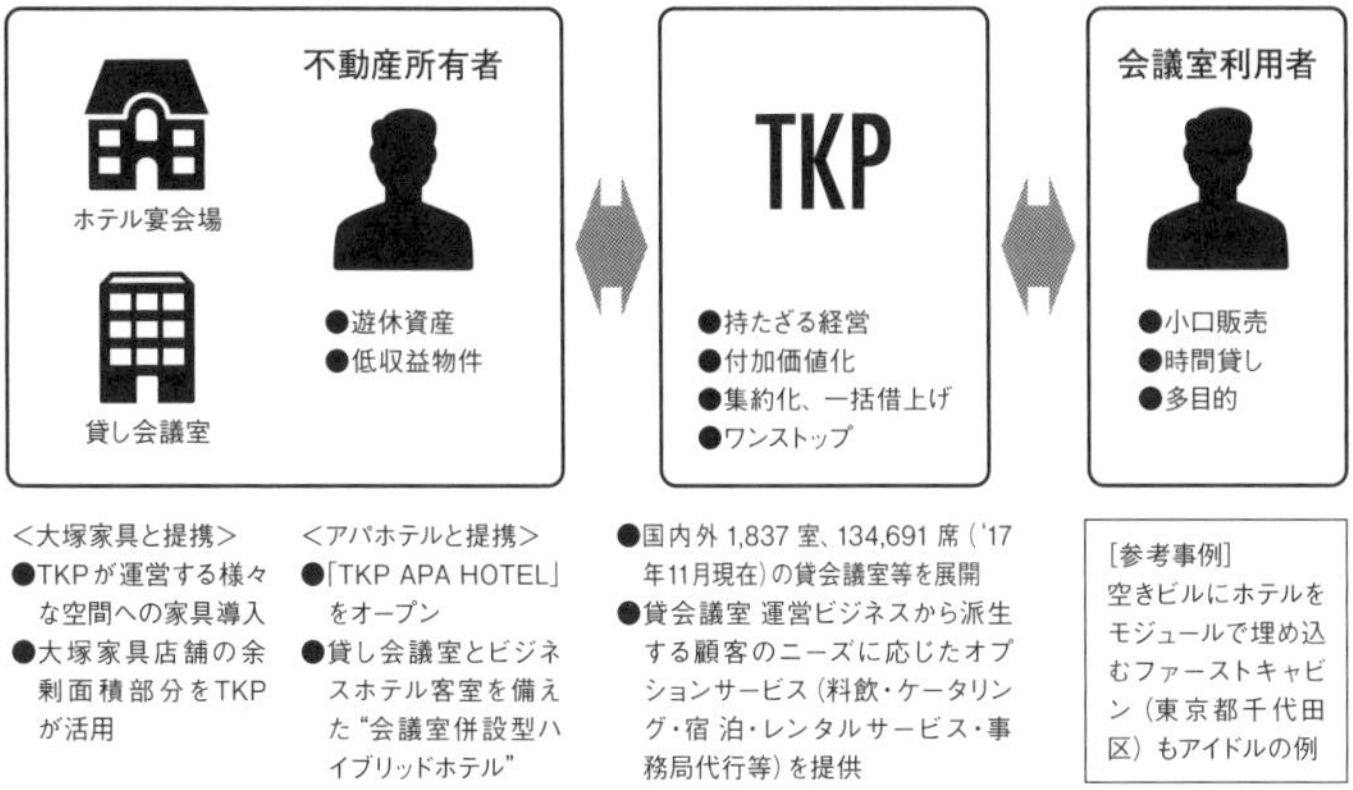
不動産所有者
ホテル宴会場
貸し会議室
●遊休資産
●低収益物件
TKP
●持たざる経営
●付加価値化
●集約化、一括借上げ
●ワンストップ
会議室利用者
●小口販売
●時間貸し
●多目的
<大塚家具と提携>
●TKPが運営する様々な空間への家具導入
●大塚家具店舗の余剰面積部分をTKPが活用
<アパホテルと提携>
●「TKP APA HOTEL」をオープン
●貸し会議室とビジネスホテル客室を備えた“会議室併設型ハイブリッドホテル”
●国内外1,837室、134,691席（'17年11月現在）の貸会議室等を展開
●貸会議室 運営ビジネスから派生する顧客のニーズに応じたオプションサービス（料飲・ケータリング・宿泊・レンタルサービス・事務局代行等）を提供
[参考事例]
空きビルにホテルをモジュールで埋め込むファーストキャビン（東京都千代田区）もアイドルの例

資料：TKP © BBT大学総合研究所

さらなる成長を続けている（図10）。

2. ティーケーピーの「空間再生流通事業」

日本のティーケーピーは、不動産オーナーと会議室利用者をつなぐ空間のアイドルエコノミー企業である。

貸し会議室や使われていないホテルの宴会場などのスペースだけでなく、ケータリング、宿泊、各種レンタル、事務局代行といった、付随するすべてのサービスをワンストップで提供することで付加価値を高めるというエコシステムができあがっており、これが非常にうまく機能している（図11）。

詳しくは第二章を参照してほしい。

図12

アイドルエコノミーの事例：スペース③
シタテル

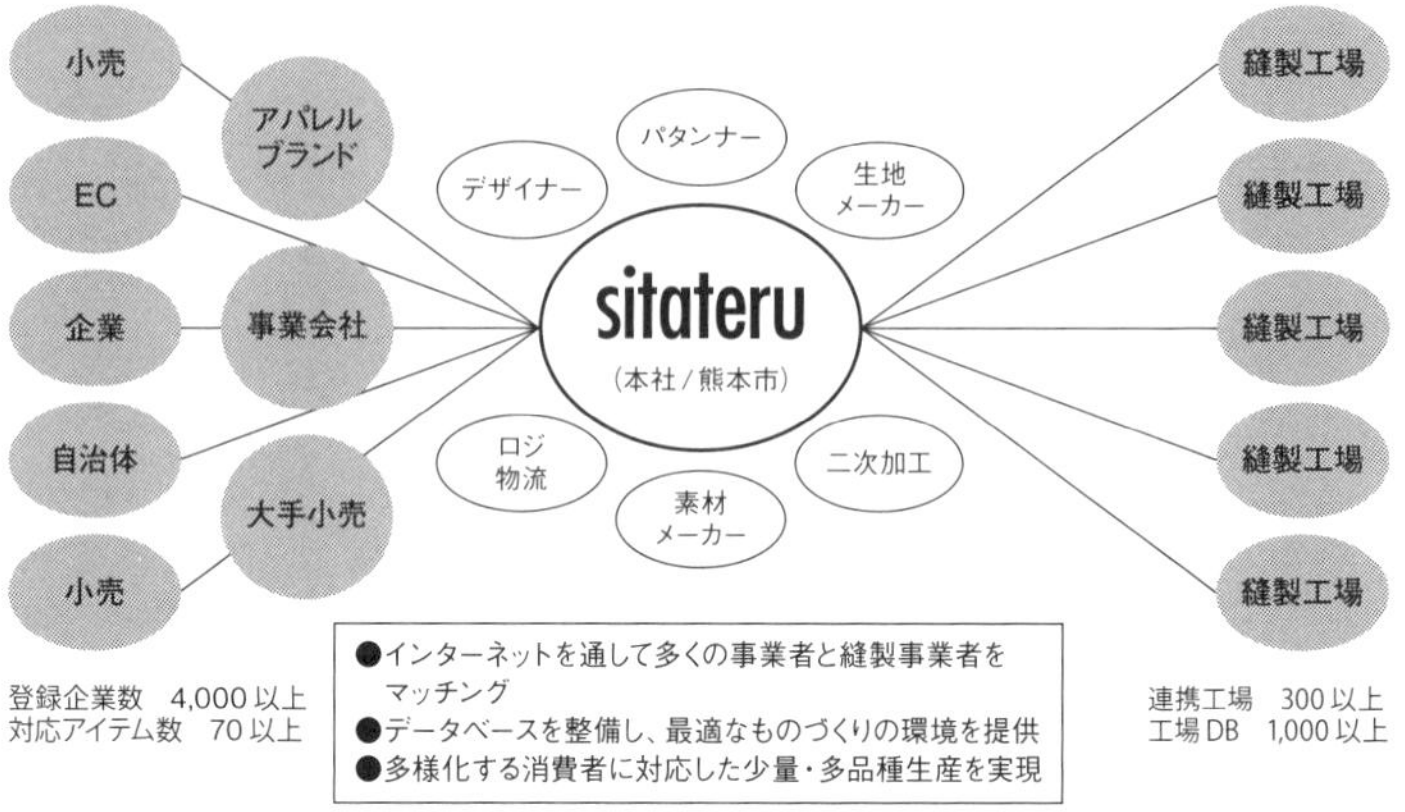

資料：sitateru、ほかより作成 ©BBT大学総合研究所

3．シタテルのビジネスモデル

熊本市に本社を置くシタテル（sitateru）は、空いている縫製工場をデータベース化し、さらにデザイナーやパタンナー、生地メーカー、素材メーカー、二次加工業者、物流業者などもネットワークして、小ロットの注文にも対応できるようにした「縫製事業のクラウドソーシング」だ（図12）。

インターネットを通じて多くの事業者と縫製事業者をマッチングすることで、多様化する消費者に対応した少量・多品種生産を実現している。アパレルというと、日本では斜陽産業のイメージがあるが、潜在ニーズとテクノロジーを組み合わせて新たな商機を見出した好例である。

図13

アイドルエコノミーの事例：スペース④
CCC

CCCの運営する図書館
（通称「TSUTAYA 図書館」

- 民間企業のカルチュア・コンビニエンス・クラブ（CCC）が公共図書館の運営を受託
- 図書館内にTSUTAYAの書店やDVDレンタル店を併設、販売用の書籍が並ぶ
- コーヒーチェーンのスターバックスを併設。コーヒーや軽食を片手に貸し出し図書を読んだり、迷惑にならない限りで会話を楽しむことが出来る
- 館が新しくなって、今まで以上にいろんな人がそれぞれの「居場所」を求めてやってくるようになった

「空いている図書館」に対して、CCCが新たな図書館のコンセプトや提携先企業を巻き込みながら付加価値を加えたことにより、利用者が大幅に増加、観光スポットとなった

CCCが指定管理者となっている
公共図書館

2013年　4月
武雄市図書館（佐賀県武雄市）

2015年 10月
海老名市立中央図書館（神奈川県海老名市）

2016年　3月
多賀城市立図書館（宮城県多賀城市）

2017年　2月
高梁市図書館（岡山県高梁市）

2017年 10月
武雄市こども図書館（佐賀県武雄市、増設）

2018年　2月
周南市立徳山駅前図書館（山口県周南市）

資料：CCC、「大前研一ライブ 8932017/10/29 RTOCS」©BBT大学総合研究所

4. CCCの運営する「TSUTAYA図書館」

カルチュア・コンビニエンス・クラブ（CCC）は、「空いている公共図書館」に、新たな図書館のコンセプトや提携企業といった付加価値を加えることによって利用者を増やすことに成功した（図13左）。

具体的には、図書館内にTSUTAYAの書店を併設し、本を借りるだけでなく、買えるようにした。また、DVDレンタル店も併設し、図書館に置いてある以外の音楽や映像を楽しめるようにした。さらには、コーヒーチェーンのスターバックスを併設し、コーヒーや軽食を楽しみながら読書や会話を楽しめるようにした。

このように、図書館に新たなコンセプト

図14

アイドルエコノミーの事例：スペース⑤
寺田倉庫ほか

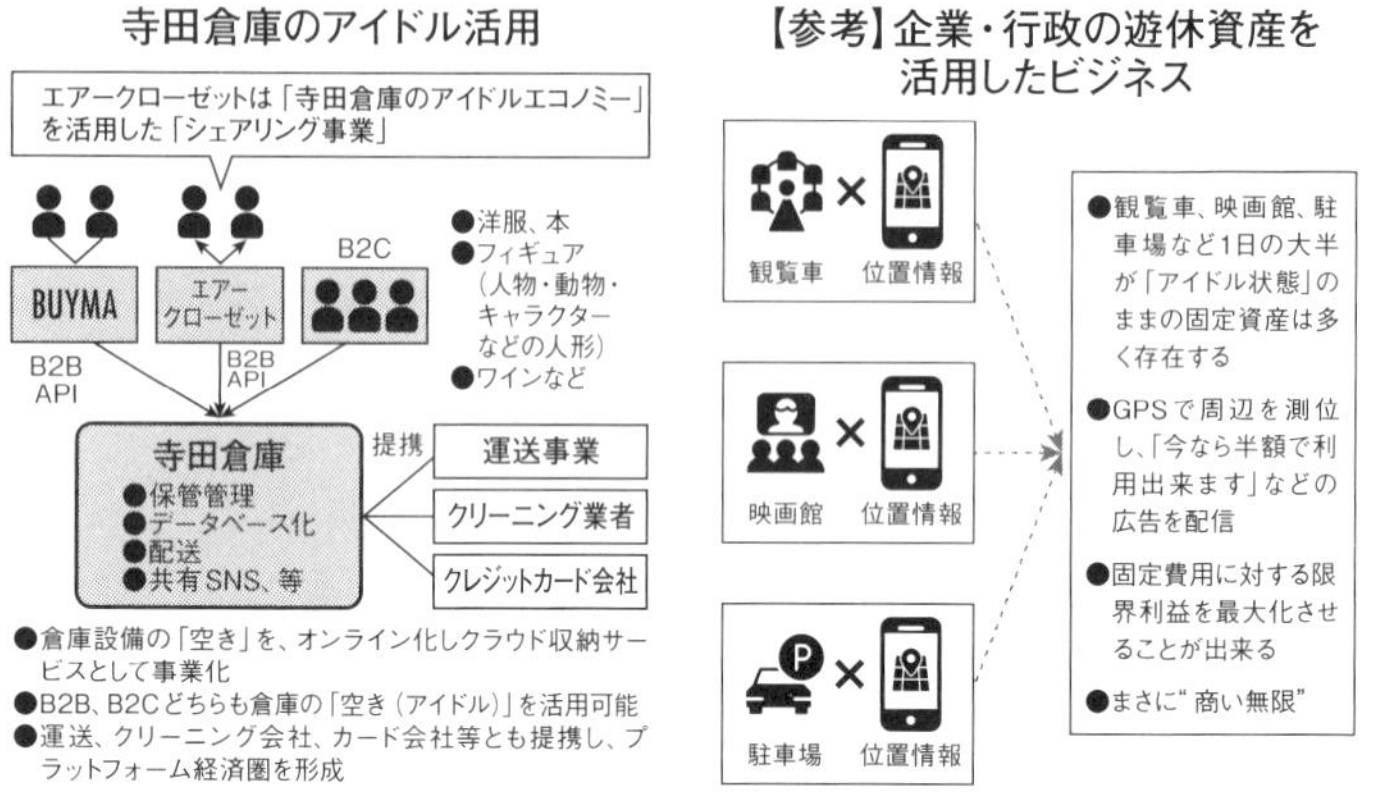
寺田倉庫のアイドル活用
エアークローゼットは「寺田倉庫のアイドルエコノミー」を活用した「シェアリング事業」
BUYMA
エアークローゼット
B2C
●洋服、本
●フィギュア（人物・動物・キャラクターなどの人形）
●ワインなど
B2B API
B2B API
寺田倉庫
●保管管理
●データベース化
●配送
●共有SNS、等
提携
運送事業
クリーニング業者
クレジットカード会社
●倉庫設備の「空き」を、オンライン化しクラウド収納サービスとして事業化
●B2B、B2Cどちらも倉庫の「空き（アイドル）」を活用可能
●運送、クリーニング会社、カード会社等とも提携し、プラットフォーム経済圏を形成
【参考】企業・行政の遊休資産を活用したビジネス
観覧車
位置情報
映画館
位置情報
駐車場
位置情報
●観覧車、映画館、駐車場など1日の大半が「アイドル状態」のままの固定資産は多く存在する
●GPSで周辺を測位し、「今なら半額で利用出来ます」などの広告を配信
●固定費用に対する限界利益を最大化させることが出来る
●まさに"商い無限"

資料：「日経ビジネス」ほか、各種資料をもとに作成 ©BBT大学総合研究所

や付加価値を加えた結果、CCCが指定管理者となった公共図書館はみな、新たな居場所を求めて人々が訪れるスポットとなり、利用者が大幅に増えているという。

公共図書館という、地味な行政の設備を「観光スポット化」させてみせた増田宗昭CEOの手腕はみごとというよりほかない。

5．寺田倉庫のアイドル活用

倉庫設備の「空き＝アイドル」をオンライン化し、クラウド収納サービスとして事業化したのが寺田倉庫だ。このサービスはBtoB、BtoCどちらでも利用できる（図14左）。

ちなみに、第五章に登場する月額制洋服レンタルで話題のエアークローゼットは、

この寺田倉庫のアイドルエコノミーを活用したシェアリング事業だ。

その他、企業や行政機関が所有する固定資産の中には、一日の大半が「アイドル状態」なものが少なくない。

しかし、現在はGPSを使って周辺を測位し、限られた層に向けて「今なら半額で利用できます」などの広告を配信することが可能だ。このようにして、固定資産に対する限界利益を最大化することもできるのだ（図14右）。まさに〝商い無限〟である。

アイドルエコノミーの事例③ ヒト（スキル）

仕事をお願いしたい人と、能力はあるが仕事がない人をマッチングする人材仲介事業は、アイドルエコノミーの中でも非常に可能性のある分野だといえる。なぜなら、能力はあるが仕事がない人と、「そういう人を使えるならプロジェクトを立ち上げたい」と思っている人が、世界中にたくさんいるからだ。

私も、日本語の資料を英語に翻訳する際には、アメリカの人材仲介事業者であるアップワーク（Upwork）をよく利用している。実際に翻訳を手がけてくれているのはアゼルバイジャンに

図15

アイドルエコノミーの事例：ヒト（スキル）①
クラウドソーシング

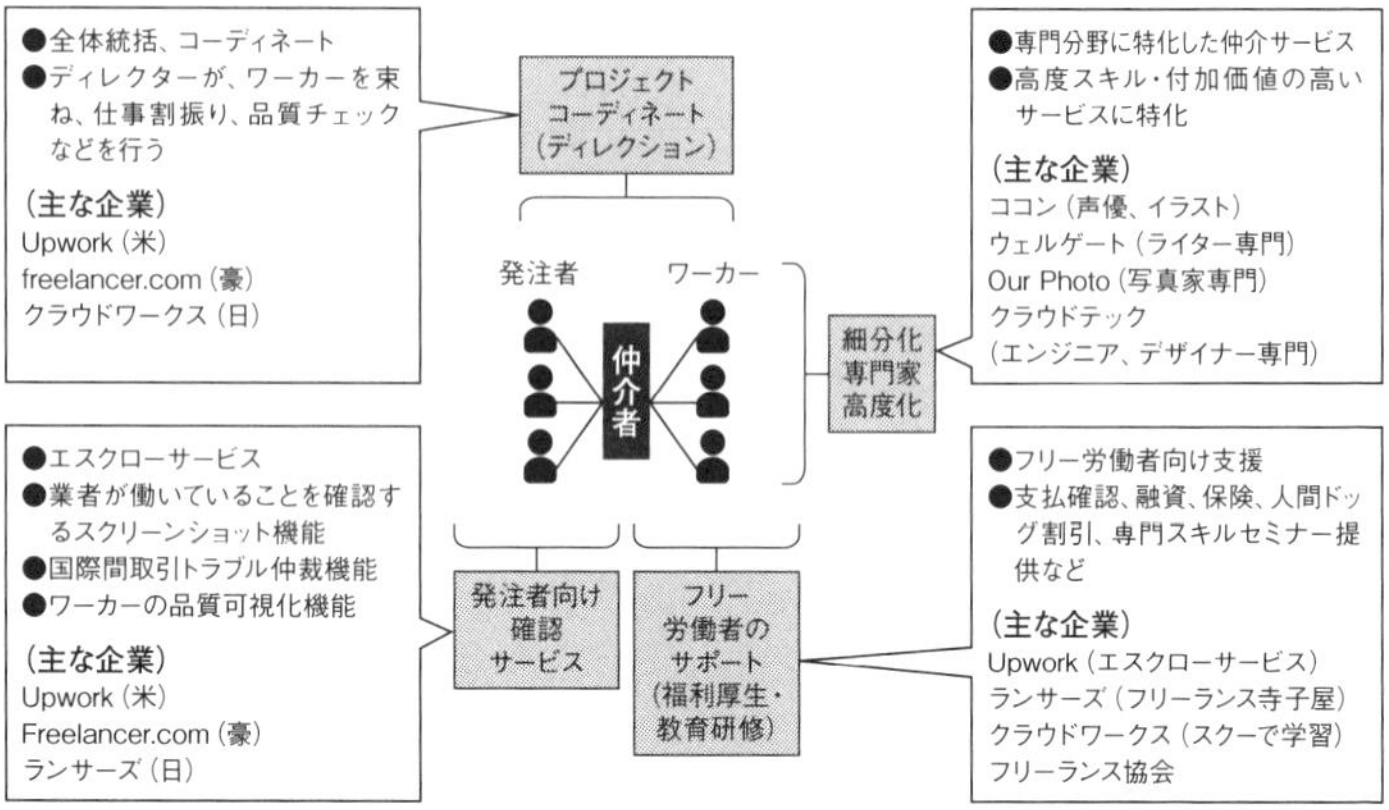

●全体統括、コーディネート
●ディレクターが、ワーカーを束ね、仕事割振り、品質チェックなどを行う
（主な企業）
Upwork（米）
freelancer.com（豪）
クラウドワークス（日）
プロジェクトコーディネート（ディレクション）
発注者
ワーカー
仲介者
細分化 専門家 高度化
●専門分野に特化した仲介サービス
●高度スキル・付加価値の高いサービスに特化
（主な企業）
ココン（声優、イラスト）
ウェルゲート（ライター専門）
Our Photo（写真家専門）
クラウドテック（エンジニア、デザイナー専門）
●エスクローサービス
●業者が働いていることを確認するスクリーンショット機能
●国際間取引トラブル仲裁機能
●ワーカーの品質可視化機能
（主な企業）
Upwork（米）
Freelancer.com（豪）
ランサーズ（日）
発注者向け確認サービス
フリー労働者のサポート（福利厚生・教育研修）
●フリー労働者向け支援
●支払確認、融資、保険、人間ドッグ割引、専門スキルセミナー提供など
（主な企業）
Upwork（エスクローサービス）
ランサーズ（フリーランス寺子屋）
クラウドワークス（スクーで学習）
フリーランス協会

資料：「日経産業新聞」、ほか各種記事より作成 © BBT大学総合研究所

滞在している日本人の女性なのだが、翻訳会社に頼むより安くて早いし、クオリティも高いとくれば、使わない手はないだろう。

また、最近は単なるマッチングにとどまらず、プロジェクトのコーディネート、ワーカー支援、提供サービスの細分化・専門家・高度化などの事業も併せて行うようになってきた企業が増えている（**図15**）。

たとえば、イスラエルに本社を置くファイバー（Fiverr）は、世界中のフリーランスに、最低五ドルの賃金で仕事を依頼できるオンライン労働プラットフォームを構築している。ちなみに「Fiverr」という社名は「五ドルで仕事をする人（five + er）」という意味だ（**図16左**）。

ここで提供されるサービスはロゴデザイン、グラフィックデザイン、マーケティン

図16

アイドルエコノミーの事例：ヒト（スキル）②
ギグエコノミー

Fiverr（ファイバー）の概要

会社名　Fiverr（ファイバー）
本　社　イスラエル
創　業　2010年

- Fiverr上の仕事のことを「ギグ（Gig）」と呼ぶ
- Fiverrの登録者は世界196ヶ国にわたる
- 仕事内容はロゴデザイン、グラフィックデザイン、マーケティング、ホームページ作成、翻訳、動画作成、プログラミングなどがあり、300万件以上のサービスが提供されている
- 依頼金額は5ドルから。納得のいく仕事をしてくれたセラーにはチップを渡すことも出来る
- Fiverrは「5ドルで仕事する人（five+er）」という意味

「ギグエコノミー」とは？

- 「ギグエコノミー」とはインターネットを通じて単発の仕事を請け負う労働形態およびそれによって成り立つ経済のこと
- 「ギグ」は、もともとジャズミュージシャンが使い始めたスラングで一度だけの短いセッションをやること。それが転じて「単発の仕事」という意味で使われるようになった
- 大手オンライン労働プラットフォームはFiverr、Freelancer、Guru、PeoplePerHourなど

- 日本企業は正社員を減らして優秀なギグを世界中から（ネットで）集めるべき
- そうなれば大きい成果を出すフリーランサーのほうが正社員より高給をもらえる時代がやってくる

資料：Fiverr、「週刊ポスト」（ビジネス新大陸の歩き方大前研一）、ほかより作成 ©BBT大学総合研究所

グ、ホームページ作成、翻訳、動画作成、プログラミングなど三〇〇万件以上に上る。また、納得のいく仕事をしてくれたと依頼者が判断した場合は、チップを渡すこともできる。

ところで、ファイバーでは、仕事のことを「ギグ（gig）」と呼ぶ。ギグとは、もともとジャズの用語で、一度だけの短いセッションのことだが、それが転じて「単発の仕事」という意味で使われるようになった。最近は、インターネットを通じて単発の仕事を請け負う労働形態や、それによって成り立つ経済を指して「ギグ・エコノミー（Gig Economy）」と表現することも一般的になりつつある（**図16右**）。

日本企業も、今後は正社員を減らして、優秀なギグワーカーを世界中からネットで

図17

アイドルエコノミーの事例：モノ ラクサス

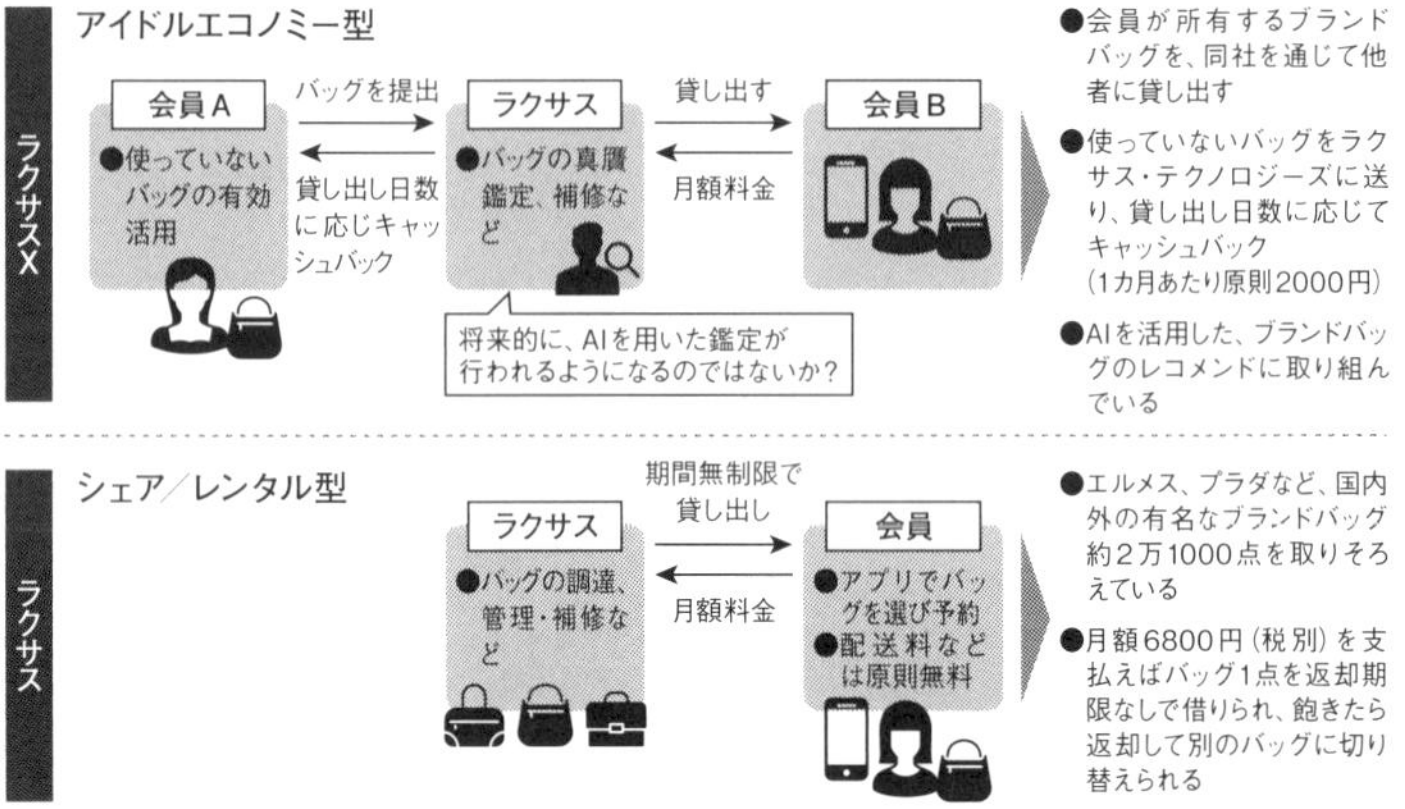

ラクサスX
アイドルエコノミー型
会員A
●使っていないバッグの有効活用
バッグを提出
貸し出し日数に応じキャッシュバック
ラクサス
●バッグの真贋鑑定、補修など
貸し出す
月額料金
会員B
将来的に、AIを用いた鑑定が行われるようになるのではないか？
●会員が所有するブランドバッグを、同社を通じて他者に貸し出す
●使っていないバッグをラクサス・テクノロジーズに送り、貸し出し日数に応じてキャッシュバック（1カ月あたり原則2000円）
●AIを活用した、ブランドバッグのレコメンドに取り組んでいる
ラクサス
シェア／レンタル型
ラクサス
●バッグの調達、管理・補修など
期間無制限で貸し出し
月額料金
会員
●アプリでバッグを選び予約
●配送料などは原則無料
●エルメス、プラダなど、国内外の有名なブランドバッグ約2万1000点を取りそろえている
●月額6800円（税別）を支払えばバッグ1点を返却期限なしで借りられ、飽きたら返却して別のバッグに切り替えられる

資料：「日本経済新聞」2017/11/8を元に作成 ©BBT大学総合研究所

集めるべきである。その場合、大きな成果を出すフリーランサーが正社員よりも高給をもらえる時代がやってくるであろう。

アイドルエコノミーの事例④ モノ

日本のラクサス・テクノロジーズは、「シェア／レンタル」と「アイドルエコノミー」の二つのビジネスモデルで、ブランドバッグの貸し出しサービスを行っている（図17）。

前者は、ラクサスが所有する「エルメス」「プラダ」など国内外の有名ブランドバッグを、月額六八〇〇円（税別）、期間無制限で会員に貸し出す。

後者は、会員Aが所有するブランドバッグをラクサスに送り、ラクサスがそれを鑑

定、補修などをして、会員Bに貸し出す。

この場合、会員Aには、貸出日数に応じてキャッシュバックが発生する仕組みになっている。

アイドルエコノミーの事例⑤
カネ

クラウドファンディング（crowd funding）は、群衆（crowd）と資金調達（funding）を組み合わせた造語であり、不特定多数の人がインターネット経由で他の人々や組織に財源の提供や協力などを行うことを意味する。

従来のクラウドファンディングサービスを提供する会社は、資金調達のプラットフォームを提供することに限った支援だった。

しかし、最近は、資金調達に加え、クラウドファンディングの企画から、クラウドファンディングを成功させるためのホームページ作りなどの助言、クラウドファンディング成功後の部品調達や量産、販売支援まで一貫したサポート体制をもつクラウドファンディングサービス会社が増えている（図18）。

たとえば、サイバーエージェント傘下のMakuake（マクアケ）は、「つくりたい商品があるが、お金が足りない」「困った人を助けたいのに、資金がない」といった人々の情報をインターネッ

図18

アイドルエコノミーの事例：カネ①
クラウドファンディング

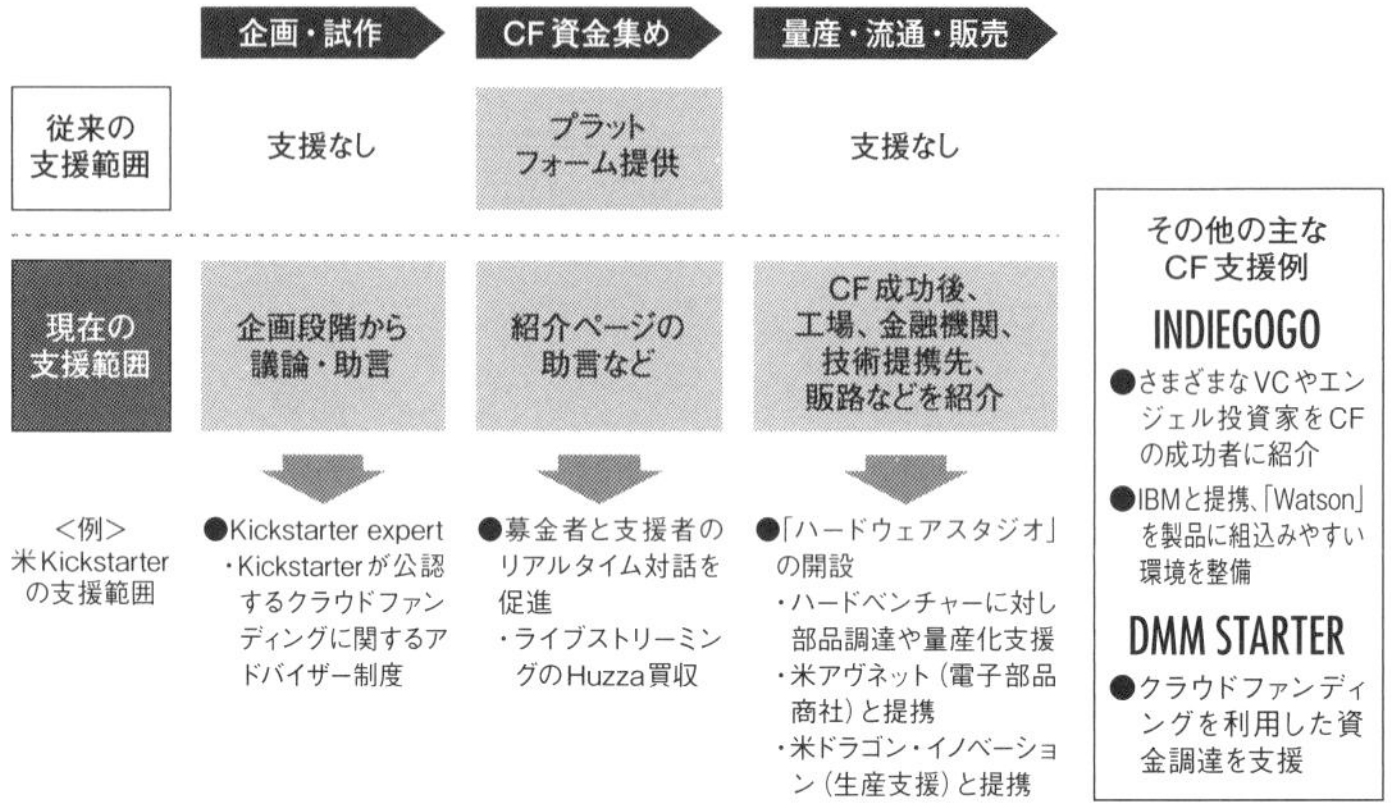

企画・試作
CF資金集め
量産・流通・販売
従来の支援範囲
支援なし
プラットフォーム提供
支援なし
現在の支援範囲
企画段階から議論・助言
紹介ページの助言など
CF成功後、工場、金融機関、技術提携先、販路などを紹介
<例>
米Kickstarterの支援範囲
●Kickstarter expert
・Kickstarterが公認するクラウドファンディングに関するアドバイザー制度
●募金者と支援者のリアルタイム対話を促進
・ライブストリーミングのHuzza買収
●「ハードウェアスタジオ」の開設
・ハードベンチャーに対し部品調達や量産化支援
・米アヴネット（電子部品商社）と提携
・米ドラゴン・イノベーション（生産支援）と提携
その他の主なCF支援例
INDIEGOGO
●さまざまなVCやエンジェル投資家をCFの成功者に紹介
●IBMと提携、「Watson」を製品に組込みやすい環境を整備
DMM STARTER
●クラウドファンディングを利用した資金調達を支援

資料：「日経エレクトロニクス」2017/6/20、ほか各種記事を基に作成 ©BBT大学総合研究所

ト上に掲載し、資金面での支援者を募るクラウドファンディングサイトだ（図19左）。

同社は、これまで約三〇〇〇件のプロジェクトを実施し、なかには一億円を超える調達に成功したケースもあるという。また、六〇行以上の地方金融機関とも提携を行っている。今後、Makuakeは、スタートアップや新しいプロジェクトを資金面で支える「金融インフラ」になっていくだろう。

Makuakeで資金調達をした著名なプロジェクトとしては、自転車と電動バイクを組み合わせた「glafitバイク」がある。プロジェクト開始時の目標調達金額三〇〇万円を開始後わずか三時間で達成し、結果的に二カ月未満で一億円を調達した。また、シャープと石井酒店の共同プロジェクトである「雪どけ酒、冬単衣」では、電機メーカー

図19

アイドルエコノミーの事例：カネ②
Makuake

Makuake（マクアケ）の概要

会社名	Makuake（マクアケ）
本　社	東京都渋谷区
概　要	クラウドファンディングサイト運営 サイバーエージェント子会社

- 作りたい商品があるが作るお金がない。困った人を助けたいけど資金がない。そんな夢や悩みを、インターネット上で打ち明け、みんなからお金を集めて新しい商品を開発したりサービスを提供したり、社会課題の解決をめざしたりするクラウドファンディングサイト
- これまで約3,000件のプロジェクトを実施し、中には1億円以上を調達したプロジェクトも出ている
- 提携した地方の金融機関は約60行にのぼり、立ち上げたばかりの企業やプロジェクトを、資金面で支える「金融インフラ」になりつつある

Makuakeで資金を調達したプロジェクト事例

自転車と電動バイクを組み合わせた「glafitバイク」のプロジェクト。プロジェクト開始時の目標金額であった300万円を開始から3時間で達成し、2カ月未満で1億円調達を達成

「雪どけ酒 冬単衣（ふゆひとえ）」は、シャープ株式会社と石井酒造の共同プロジェクト。ベンチャー企業だけでなく、シャープのような大企業が実験的な商品を試しに開発する用途も広がる

映画『この世界の片隅に』が最優秀アニメーション作品賞受賞。約3,000人の支援を受けて映画館での上映決定。エンドロールに名前が入るリターンが好評

資料：Makuake、ほかより作成 ©BBT大学総合研究所

であるシャープの社内ベンチャーと酒造会社の異色のコラボにクラウドファンディングが用いられた。そのほか、地味なストーリーにもかかわらず、クラウドファンディングで約三〇〇〇人の支援を受けて完成し、結果ロングラン上映となり、作品的にも高い評価を受けたアニメーション映画『この世界の片隅に』などがある（**図19右**）。

技術力や商品力をもちながら銀行から融資を受けられない中小企業やベンチャー企業にとって、クラウドファンディングは新たな資金調達手段といえるだろう。

世界中に拡大普及するアイドルエコノミー

アイドルエコノミーは先進国だけでなく、

図20

世界中に拡大普及するアイドルエコノミー

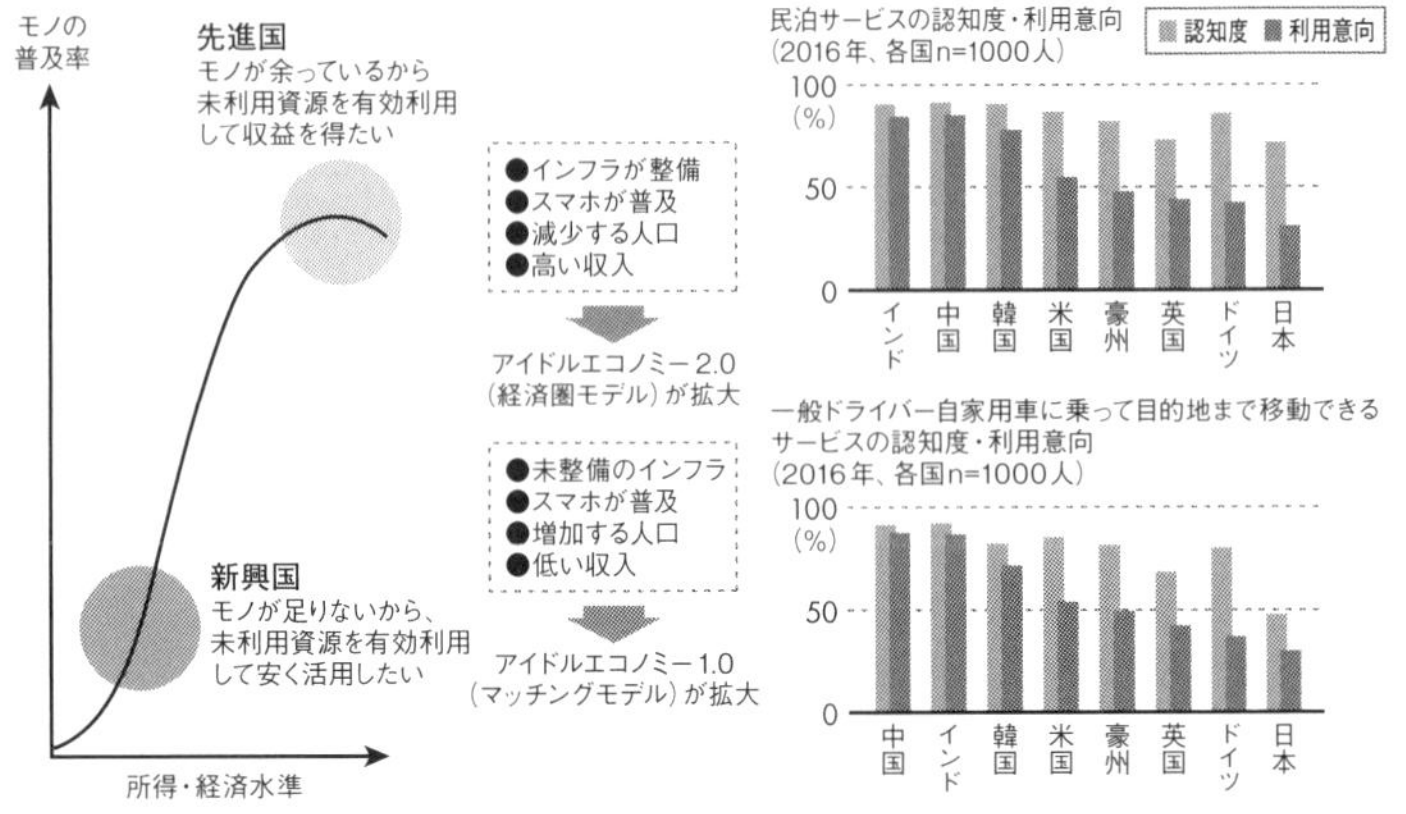

資料：BBT大学総合研究所、「平成28年版情報通信白書」（総務省）©BBT大学総合研究所

新興国にも広がりつつある。ただし、ひと口に「アイドルエコノミー」といっても、その中身は先進国と新興国では当然ながら同じではない。

インフラが整備されていて人々の収入も高く、人口が減少傾向にある先進国で主流なのは、余っているものをうまく使って「収益を得たい」という「アイドルエコノミー2・0＝経済圏モデル」である。これに対し、インフラの整備が遅れていて、人々の収入は低いが、人口は増えている新興国では、モノが足りないから未使用資源を有効利用して「安く活用したい」という「アイドルエコノミー1・0＝マッチングモデル」が主流だ（**図20左**）。

注目すべきは、先進国、新興国ともにスマートフォンが普及しているという点である。民泊にしても、ライドシェアにしても、スマートフォンがサービスのベースとなっている。スマートフォンと非常に相性がいいのが、アイドルエコノミーなのである。

また、民泊やライドシェアのサービスに対する認知度と利用意向を国別に見た場合、認知度では先進国と新興国で大きな違いがなかったものの、利用意向については、中国やインドが先進国を大きく上回っていた（図20右）。アイドルエコノミーは新興国でこそ、より社会性と発展性があるのだ。

急拡大する中国のアイドルエコノミー市場規模

実際、中国では「アイドルエコノミー2・0」が急速に拡大している（図21左）。

その背景にあるのは、インターネットやスマートフォンの普及、約一四億人の消費パワー、それから旺盛なチャレンジ精神だ。

日本だと、投資家は新しい案件に慎重だし、リスクを極力回避しようとする。新しいことが動き出すのは法整備が整ってからだ。しかし、中国はまったく逆で、新しいサービスがどんどん市場に投入され、いいものは消費者も躊躇《ちゅうちょ》なく受け入れるため、あっという間に伸び、そこから世界に広がっていく。まさに今の中国は「世界の市場」から〝世界の試場〟となっているのである（図21右）。

図21

中国のアイドルエコノミー

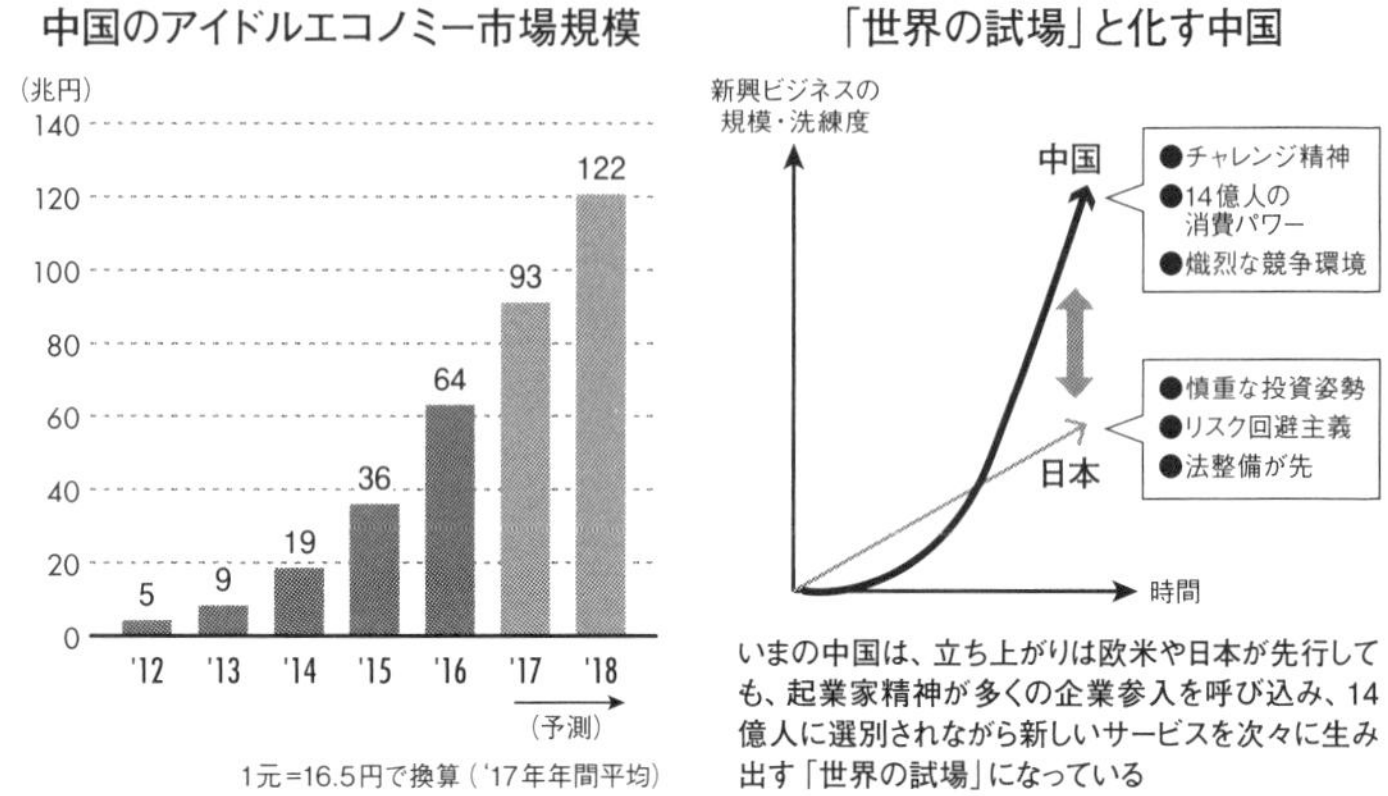

1元=16.5円で換算（'17年年間平均）

いまの中国は、立ち上がりは欧米や日本が先行しても、起業家精神が多くの企業参入を呼び込み、14億人に選別されながら新しいサービスを次々に生み出す「世界の試場」になっている

資料：「中国共有経済発展報告2017」（中国国家情報センター）ほかより作成 ©BBT大学総合研究所

中国では、時価総額一〇億ドル以上のユニコーン企業の中にも、アイドルエコノミーの属性をもつところが増えている（図22）。今後この割合はさらに大きくなっていくのではないだろうか。

また、ＩＴで個人や企業の信用状況をスコアにして可視化し、人や企業によい行いをさせる動機づけとする、芝麻《ジーマー》信用（セサミ・クレジット）のようなサービスも生まれてきている（図23）。

芝麻信用は、アリババグループのアント・フィナンシャル傘下の第三者信用調査機関が提供する、個人と企業の信用状況を示す指標のことである。アリペイのアプリからサービス開始を申し込むと、自分の信用スコアを簡単にチェックできる。

スコアの下限は３５０、上限は９５０で、

図22

アイドルエコノミーの属性がある中国のユニコーン企業

No.	企業名	サイト名	評価額（億ドル）	事業内容
1	滴滴出行	Didi Chuxing	338	配車/ライドシェアサービス
2	陸金所	Lufax.com	185	P2P金融サービス
3	美団点評	Meituan-Dianping	180	EC
4	餓了麼	Ele.me	45	配膳サービス
5	中商恵民	Huimin.cn	20	生活雑貨販売・物流
6	微影時代	Beijin Weying Technology	20	映画・娯楽
7	挂号網	Guahao.com	15	医療関連サービス
8	優客工場	UR WORK	10.2	コワーキングオフィススペース
9	貨車幇	huo che bang	10	貨物運送・物流
9	途家網	Tujia	10	民泊
9	新達達	New Data	10	宅配
9	融360	Rong360	10	P2P金融サービス
9	魔爾公寓	More Residence	10	賃貸マンション
9	瓜子	Guazi.com	10	中古車販売ECサイト
9	知乎	Zhihu	10	ナレッジシェア

資料：monex、「中国共有経済発展報告2017」（中国国家情報センター）より作成 ©BBT大学総合研究所

図23

芝麻信用（セサミ・クレジット）

- アリババ子会社傘下の第三者信用調査機関が提供する個人と企業の信用状況を示す指標
- アリペイ・アプリからサービス開始を申し込むと、自分のスコアを簡単にチェック可能
- 「スコア公開」機能があり、SNSなどで第三者に自分の信用力をアピール可能
- ネットショッピング、振り込み、決済などのアリババグループでの取引記録と政府のオープンデータベース（学歴、公共料金支払い記録、「失信被執行人リスト*」）で算出
- 身分特質（年齢や学歴・職歴など）、履約能力（資産など）、信用歴史（取引履行記録）、人脈関係（他者への影響力や友人の信用状況）、行為偏好（ショッピングや支払いなど）の5項目
- スコアを上げると、シェアサイクルやホテル、図書館の保証金の免除や一部の国で個人観光ビザ申請手続きの簡素化などのサービスを受けられる
  - ① 700-950　とても信用度が高い
  - ② 650-699　信用度が高い
  - ③ 600-649　良い
  - ④ 550-599　普通
  - ⑤ 350-549　悪い

*裁判での判決に従わず賠償金を滞納したり、暴力や脅しで判決の執行を妨害した者が掲載されるリスト

資料：「信用の可視化で中国社会から不正が消える!?」（高口康太 Wedge Infinity）©BBT大学総合研究所

350〜549を「悪い」、550〜599を「普通」、600〜649を「良い」、650〜699を「信用度が高い」、700〜950を「とても信用度が高い」と五段階に分類されている。最上位の「とても信用度が高い」の人は、デポジットなしでホテルの予約ができるなど、さまざまな優遇を受けられる。逆に「悪い」に分類された場合は、シェアサイクルを利用する際にもデポジットが求められるというように、生活にかなりの支障が出ることを覚悟しなければならない。レストランなどでも予約したときに想定代金が引き落とされてしまう。

このような「信用の可視化」によって、中国は日本以上の信用社会になりつつあるといっていいだろう。

アフリカのアイドルエコノミー企業事例

アフリカにも、アイドルエコノミーの波が到来している（図24）。

その中心となっているのが、南アフリカのEmptyTripやFastvan、ガーナのSwifty、ケニアのSengaのような、荷物を送りたい人と運ぶ人をマッチングさせる「アイドルエコノミー1・0」の企業だ。

また、ガーナには、海外旅行者のバッグの空きスペースを利用して、荷物を運んでもらうというユニークなサービスを行っているAcuantuoという会社があるが、これも「アイドルエコノ

図24

アフリカのアイドルエコノミー企業事例

会社名	国	内容
EmptyTrip	南アフリカ	荷物を送りたい人と、荷物を運ぶ人をマッチングするサービス
Swifty	ガーナ	荷物を送りたい人と、荷物を運ぶ人をマッチングするサービス
Bifasor	ブルキナファソ	登録された物流会社がオンライン上で顧客を獲得するのを手助けする
Senga	ケニア	荷物を送りたい人と、トラックや貨物トラックのマッチングをするサービス
Fastvan	南アフリカ	オンデマンドで荷物を送りたい人と、送る人をマッチングするサービス
Acuantuo	ガーナ	海外旅行者の空いてるかばんのスペースに荷物を預けて、その旅行者に運んでもらうというサービス

- アフリカの中間所得層にとってはUberやAirbnbなどのサービスはすでに一部の人には浸透しつつある
- アフリカはアフリカで新しいアイドルエコノミーの形を表現し始めている
- トラックや、船、飛行機の空いてるスペースと荷物を送りたい人、企業をマッチングするサービスが多い
- 旅行者のキャリーバッグの空いているスペースと荷物を送りたい人をマッチングするサービスも出てきている

資料：各種資料より作成 ©BBT大学総合研究所

ミー1・0」である。

さらに、ウーバーやエアビーアンドビーといったサービスも、中間所得層に浸透しはじめている。

このように、アフリカはアフリカで、新しいアイドルエコノミーがビジネスになりはじめているのである。

プラットフォームを中心とした経済圏（周辺ビジネス）への広がり

アイドルエコノミーは、移動（自動車）、スペース（民泊）、お金（クラウドファンディング）などの各分野で、周辺ビジネスを巻き込む経済圏＝エコシステムを構築して「アイドルエコノミー2・0」に進化し、プ

図25

プラットフォームを中心としたエコシステムの広がり

資料：BBT大学総合研究所 ©BBT大学総合研究所

ラットフォームを確立しつつある（図25）。

しかしながら、アイドルエコノミーの世界では、「低いサービスの質（ライドシェアでの暴行、クラウドファンディングでの商品の欠陥など）」や「法令違反（白タク規制、違法民泊、違法商品の出品など）」「サービス提供者の買い叩き（ドライバーによるボイコットなど）」が起こりがちで、それが信頼性の低下につながりかねない（図26左）。

プラットフォームに対する不信感が生じ、信用・信頼が揺らぐと、ユーザーや提供者が離反する元となるので、早急に対応することが必要だ。エスクローサービス、本人確認、ユーザーによるレビュー、面談によるスクリーニング、損害保険などを活用し、こうした事故を防ぐ努力が必要だ。

また、「コストの肥大化」「競合対策」「イ

図26

アイドルエコノミーの問題点

信頼性の問題

サービスの質が悪い	●ライドシェアでの暴行 ●クラウドファンディングで商品に欠陥 ●低コストで質の低い医療関連記事を量産（WELQ）
違法	●白タク規制 ●違法民泊 ●違法商品のフリマ出品
サービス提供者を安く買いたたきすぎ	●ドライバーによるボイコット（Uber） ●プロのホームキーピング労働者との契約内容、報酬・福利厚生に関する訴訟（Homejoy）

●プラットフォームに対する「不信感」が生じ、信用・信頼が揺らぐとユーザーや提供者が離反する
●早急に対応することが必要
●エスクローサービス、本人確認、ユーザーによるレビュー、面談によるスクリーニング、損害保険 etc

経営の問題

コストがかさみすぎ	●ユーザーに即時対応するため、サービス提供者の待機時間分のコストが発生 ●ユーザーから受け取った洗濯物の仕分け作業にコストがかかりすぎた（Washio）
競合の対抗策	●中国の地元密着の配車アプリ（滴滴）に勝てなかった（Uber） ●有力な競合に勝てず、ユーザーを獲得できない（SideCar）
投資家のプレッシャー	●投資家からの事業拡大要請により、質よりも拡大を優先し、結果顧客が離れる ●ビジネスモデルに不信になった投資家が追加投資しなくなると、資金が回らなくなる

●単なる「アイドルエコノミー」型ビジネスというだけで事業は成功しないため、投資家からの目が厳しくなっている
●収益性・事業拡大のシナリオなどしっかりとしたプランニングが求められる

資料：各種資料より作成 ©BBT大学総合研究所究所

グジットを求める投資家のプレッシャー」といった問題も容易に発生する。

単なるアイドルエコノミー型ビジネスというだけで事業が成功するほど甘くはなく、投資家の目も年々厳しくなっている。収益性や事業拡大のシナリオなど、しっかりしたプランニングが求められる（図26右）。

こうした信頼性や経営上の各種課題を克服できなければ、そのプラットフォーマーが生き残るのは、きわめて難しいといわざるを得ない。

アイドルエコノミーの将来像とは？

アイドルエコノミーが今後さらに進化すると、将来がどのようになっていくと考え

図27

アイドルエコノミーの将来像

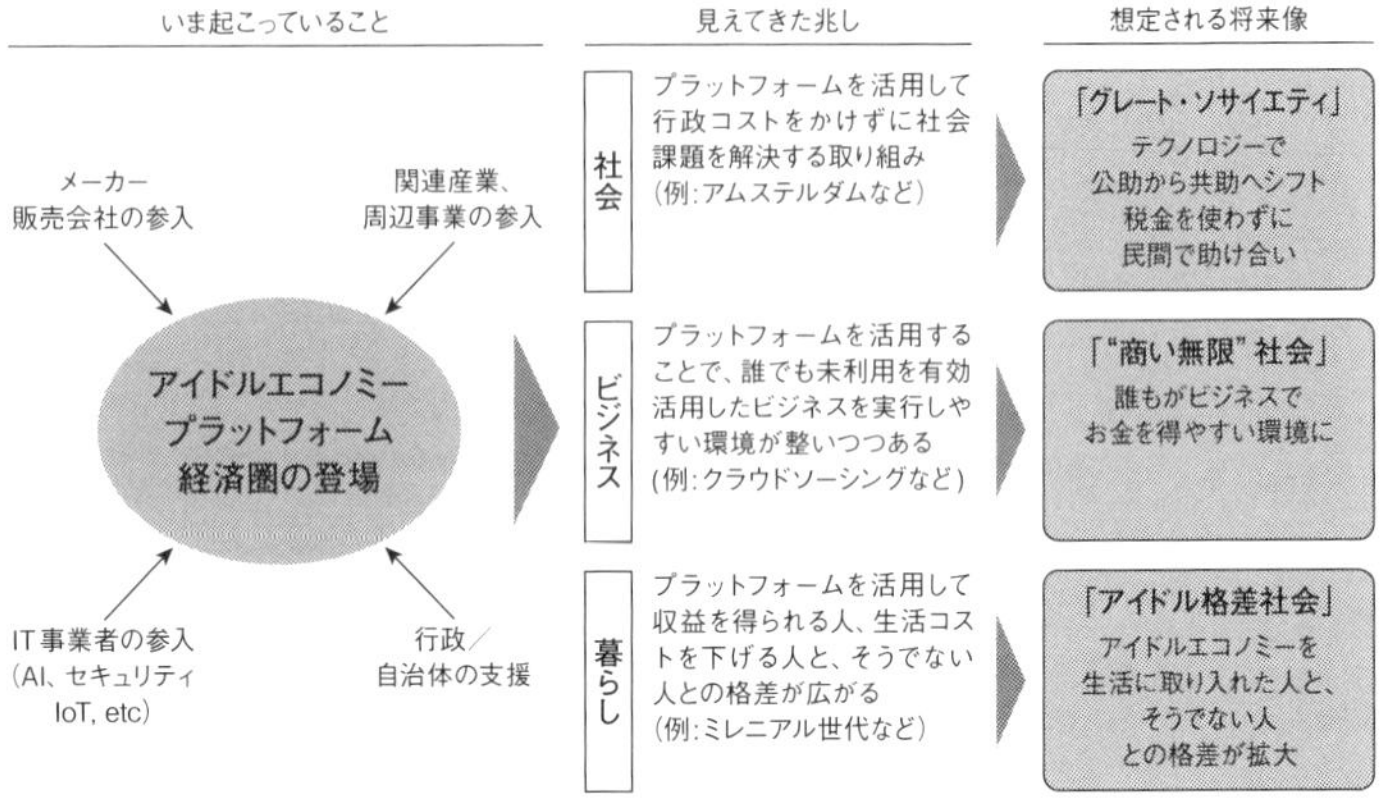

資料：BBT大学総合研究所 ©BBT大学総合研究所

られるだろうか。

社会はアイドルエコノミーのプラットフォームを活用することで、税金を使わずに民間の助け合いで社会課題を解決する、〝公助〟から〝共助〟にシフトしていくだろう。実際、オランダのアムステルダムでは、アイドルエコノミーのプラットフォームによって空き資源がどんどん有効活用されるようになり、それが地域課題の解決につながっている。まさに「グレート・ソサイエティ」だ（図27）。

ビジネス面では、アイドルエコノミーはプラットフォームで誰もが簡単に空いているモノやコトをお金に換えることができる「商い無限」環境をもたらしてくれるようになる。とくに日本のように空きの多いところは、ビジネスチャンスだらけといってもいい。

暮らしに関しては、プラットフォームを活用して収益を上げたり、生活コストを下げたりで、アイドルエコノミーから恩恵を受ける人と、そうでない人との格差が広がると思われる。まさに「アイドル格差社会」の到来というわけだ。

「シェアリングエコノミー」と「アイドルエコノミー」の発想の違い

新たな事業展開を模索するにあたっては、「シェアリングエコノミー」と「アイドルエコノミー」の発想の違いを理解し、その上でビジネス化のアンテナを張っておく必要がある。

「所有から利用」「所有コストの低減」というのが、シェアリングエコノミーの発想の起点である。これに対し、「アイドル状態にあるもの」「固定費に対する限界利益の最大化」から考えるのがアイドルエコノミーだ（図28）。

前者は「コスト削減」、後者は「利益の最大化」と、一見似たようなビジネスモデルでも、着想点が大きく異なることを理解してほしい。

図28

「シェアリングエコノミー」と「アイドルエコノミー」の発想の違い

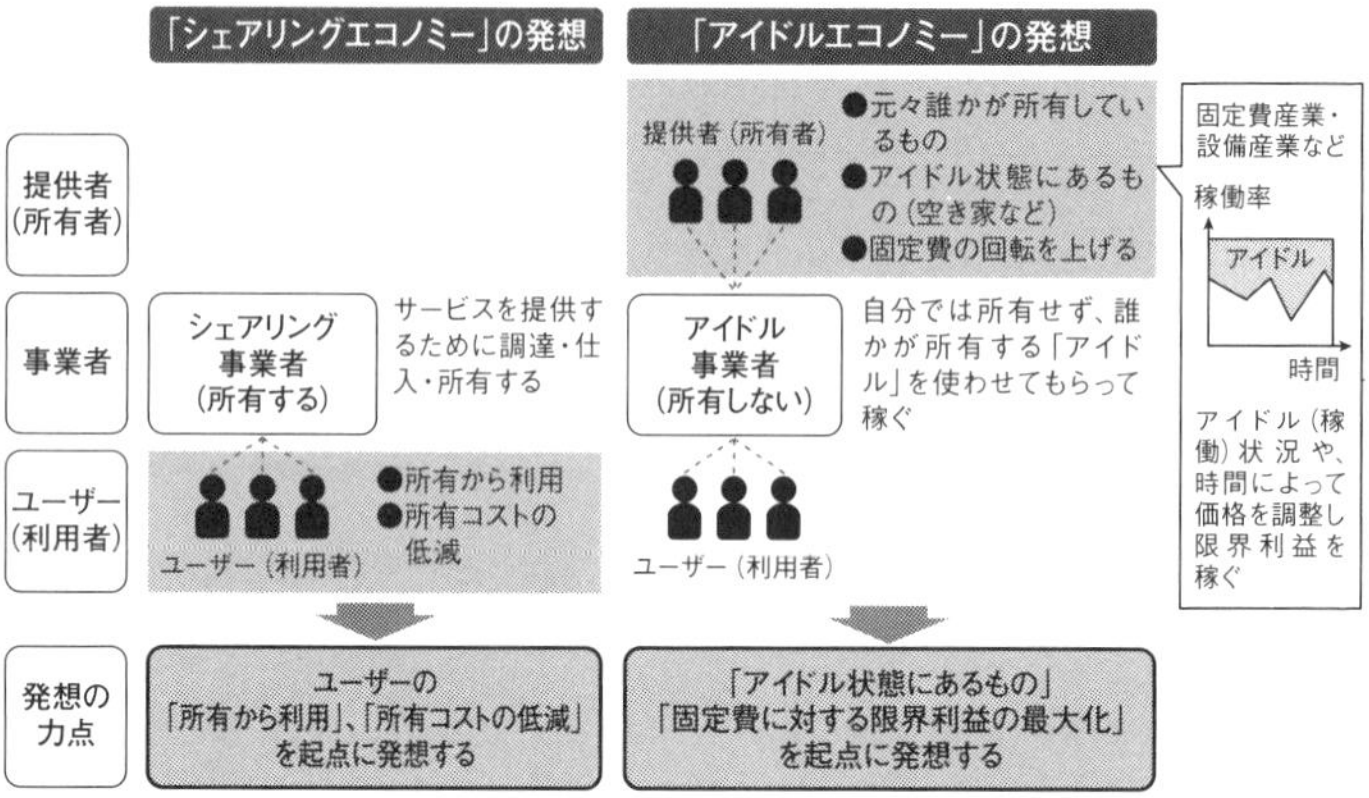

資料：BBT大学総合研究所 ©BBT大学総合研究所

アイドルエコノミーを取り込む方法

これからの企業はアイドルエコノミーに対抗するのではなく、いかにしてうまく自社のビジネスに取り込むかを考えるべきだ。

慣れていないと敷居が高く感じるかもしれないが、アイドルエコノミーを取り込むことは、実はそれほど難しくはない（図29）。

まず、自らがアイドルエコノミーの領域に乗り出す場合は、事例で紹介したCCCやティーケーピーのように、自社で所有していないモノのマッチング、あるいはエアビーアンドビーや寺田倉庫がやっているようなプラットフォームの周辺業者としての参加が考えられる。

図29

アイドルエコノミーを取り込む方法

		会社名/サービス名	内容
自らがアイドルエコノミーの領域に乗り出す	自分で所有していないものをマッチング	●CCC ●TKP ●空中（建物の高層化）	●空いている図書館に付加価値を加え、利用者とマッチング ●不動産オーナーが所有する会議室を会議室利用者とマッチング ●空いている「空中」を活用、賃貸物件としキャッシュを創造する
	プラットフォームの周辺業者として参加	●民泊プラットフォーム ●寺田倉庫	●Airbnbなど民泊プラットフォーム向けの周辺サービスを提供する ●自社の空いている倉庫をエアークローゼットなど他社に提供
アイドルエコノミーのプレイヤーを活用する	買収・出資	●トヨタ ●ソフトバンク	●早い段階で注目したVBに出資 ●買収して自社のバリューチェーンに組み込む
	提携	●東急電鉄 ●APA HOTEL	●Huber.（ガイドマッチング）と提携、沿線への外客観光誘致を図る ●TKPと提携、貸し会議室とビジネスホテルのハイブリッド型ホテル
	国内市場への参入をサポート	●第一交通／滴滴 ●楽天／途家網	●中国シェアリング企業の国内市場参入をサポート、協力して市場開拓を進める
	ユーザーとして利用する	●クラウドソーシング ●Fiverrなど	●正社員を減らして優秀なギグを世界中から（ネットで）集める

資料：BBT大学総合研究所 ©BBT大学総合研究所

それから、買収や出資、提携、国内市場への参入のサポート、ユーザーとしての利用などで、アイドルエコノミーのプレイヤーを活用するというケースもある。

海外の空いているリソースを活用した事業展開

海外の空いているリソースへのアクセスで発想することも一考である（図30）。

1.「BUYMA」

日本人の海外駐在員の奥さんなどを海外バイヤーとして活用する。

図30

海外の空いているリソースを活用した事業展開

	BUYMAの例	東南アジア介護	海外漁船活用（案）	海外発電所活用（案）
所有	自社の日本人バイヤー	国内介護施設（日本人介護士）	日本の漁船（日本人漁師）	日本の発電所（国内発電所用地）
アイドル	海外駐在日本人（奥さんなど）	東南アジア介護施設（東南アジア介護士）	外国漁船（外国人漁師）	ロシア樺太の土地
活用法	海外バイヤー（パーソナルショッパー）として活用	●東南アジア介護士にライセンスを与え国内で介護 ●東南アジアに日本人向け介護施設	●外国人漁師にライセンスを与えて日本の漁船を貸し出す ●水揚げ分を安く買い取る	●ロシアの樺太に発電所を建設するのに協力 ●直流高圧送電で日本に引き込む

資料：BBT大学総合研究所 ©BBT大学総合研究所

2．東南アジアの介護施設と人材

日本人の要介護者のために、空きのある東南アジアの介護施設を利用し、現地の介護士に介護をお願いする。タイなら要介護者一人に対し、三人の介護士が二四時間体制でついても、年金支給額で間に合う程度の費用で済む。

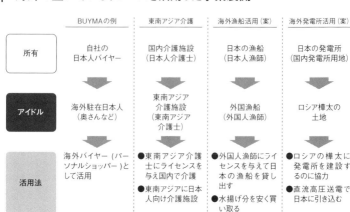

3．海外の漁船活用（案）

日本の領海内に不法侵入して漁を行っている外国漁船と漁師を活用する。彼らに正規のライセンスを与えて日本の港の使用も許可する代わりに、水揚げした分を安く買い取れるようにするのだ。日本は漁師の数が不足しているので、空いている漁船の貸与も考えられる。

4．海外の発電所活用（案）

空いているロシア樺太の土地に発電所を建設。そこで発電した電力を直流高圧送電で日本に送る。これだと電気料金はｋｗ／ｈあたり約三円くらいになる。また、二酸化炭素の排出枠はロシア側となるので、その点も日本にとってはメリットがある。

アイドルエコノミーはこれからますます広がっていくだろう。新規事業を考える際も、「アイドルエコノミー」という切り口で自分たちの周囲を見渡すと、いくらでもアイデアが湧いてくるはずだ。自分の会社の資産や人材も、「アイドルエコノミーに使えないか」という観点から見直してみると、意外な可能性が見えてくるに違いない。

場合によっては、国境を取り外して考えれば、さらに面白い可能性が見つかるだろう。経営者は、「二一世紀の経営にアイドルエコノミーという発想は不可欠だ」ということを、ぜひ肝に銘じてほしい。

（二〇一八年三月二日「ＡＴＡＭＩせかいえ」にて収録）

第二章

0から1を創り出す空間再生流通企業

河野貴輝

PROFILE

河野貴輝

Takateru Kawano

株式会社ティーケーピー 代表取締役社長
1996年慶應義塾大学商学部卒業後、伊藤忠商事株式会社為替証券部を経て、1999年日本オンライン証券(現・auカブコム証券)設立に参画。2000年よりイーバンク銀行(現・楽天銀行)執行役員営業本部長等を歴任。2005年8月株式会社ティーケーピー設立、代表取締役社長に就任。2017年3月、東京証券取引所マザーズ市場へ上場。

ティーケーピーのビジネスの現況

当社は、賃貸したオフィスに付加価値をつけて商品化し、販売している会社です。

当社が取り扱っている総会議室数は一八四〇室で、総面積は三二万九三〇二㎡です。これは東京ドーム約七個分の広さに匹敵します（二〇一八年二月現在）。

二〇一九年四月には、レンタルオフィス世界最大手の日本リージャスホールディングスを買収し、二〇二〇年八月現在、国内外四二〇拠点、一万一五〇〇〇室、総面積一六・六万坪を超えるレンタルオフィス・貸会議室を展開しながらフレキシブルオフィス市場をけん引しています。

年間利用企業数は約三万社で、上場企業の半数以上に、当社のサービスを利用していただいております。また、リピート率が約八割と非常に高いのが特徴で、そのため、収益はきわめて安定しています。

創業の経緯とビジネスモデル

当社の設立は二〇〇五年八月です。一号店は東京の六本木で、旧防衛庁跡地周辺のビルの一室でした。そのビルは東京ミッドタウン建設の予定地であり、すでに辺り一帯は取り壊しが始まっていて、残っているビルも空室だらけでした。

私が借りた三階建てのそのビルも、一階のイタリアンレストランはまだ営業していたものの、二階から上はすでに立ち退きが終わっていて、夜は真っ暗でした。しかし、一階のイタリアンレストランに「閉店のお知らせ」という貼り紙は見当たりません。ということは、この店はまだ立ち退きに応じていないということです。調べてみるとそのとおりで、そのイタリアンレストランが立ち退き次第、すぐにビルを取り壊すということでした。

六本木といえば一等地です。六本木ヒルズは煌々《こうこう》と灯りがついて坪六万円、こちらはゼロ円で立ち退きまで真っ暗なまま。ビルの取り壊しまで使われない空間があるというのは、いかにももったいない。このビジネス格差はなにか商売になるはずだ。そう考えていたところ、ビルのオーナーから「一階が立ち退くまでの間、二階と三階を何かに使ってもらえないだろうか」という相談を持ちかけられました。

「それはよいのですが、家賃は相場の三分の一しか払えません」ということで、ビルのオーナーと交渉をし、さらに賃貸契約ではなく「三カ月前に通告を受ければ出て行く。立退料は不要」という内容の念書を入れ、レンタル契約で借りたのです。実はレンタル契約は、当社にとってもありがたかったのです。なぜなら、賃貸契約の場合に発生する敷金や礼金、前払い家賃が、レンタル契約では不要だからです。

賃料は一坪当たり月額五〇〇〇円、一フロアが二〇坪でしたから、二・三階を借りて、家賃は四〇坪で月二〇万円です。

まず三階を建設会社に工事現場事務所として家賃月二五万円、敷金・礼金なしで貸しました。この時点で五万円の利益が上がり、次に二階をどうするか考えました。そこで、一脚八〇〇円の椅子五〇脚と一台六〇〇〇円の机を購入し、約一〇万円のコストで、五〇名が入れる会議室をつくったのです。

料金は、当時打ち合わせで利用されていた某コーヒーチェーンのブレンドコーヒーが一杯一八〇円だったので、それより安くして「一時間一人一〇〇円で借りられる会議室」にしたのです。

募集はインターネットだけで行いました。するど、最初の一カ月で一〇〇時間、五〇万円分の予約がありました。「まずネットで申し込み、三日以内に入金すると本予約」という前金制のシステムで、三カ月先まで予約がとれるようにしました。すると、「深夜に使いたい」というテレビ局や、東証一部上場の大手企業までも予約をして入金してくれるのです。

「一人一時間一〇〇円で本当に儲かるのか」とよくいわれますが、一時間五〇〇〇円ですから、一日一〇時間使っていただければ五万円、二日で一〇万円、三日目で販売管理費が出て、四日目からはすべて利益になります。

このように、あまり元手をかけず、インターネットのみで営業・販売をしてお客様の予約がひっきりなしに入るため、利益を十分に確保することができます。加えて、お弁当やドリンクの提供、マイクやスクリーン、プロジェクターなどの備品のレンタルなども増やしていったのです。ビジネスを始めてすぐ、「貸会議室はビジネスになる」と確信しました。

賃料の支払い期限は翌月末ということもあり、前金制にしている手元のキャッシュはどんどん増えていきます。

こうして、貸会議室ビジネスを拡大する一方で、次は赤坂の結婚式場に目をつけました。結婚式は週末に行われることが多いため、平日の式場はたいてい空いています。「利益は折半」という条件で結婚式場と交渉し、丸テーブルの代わりに長机を入れさせていただき、平日のみ会議室として利用できるようにしました。

試練その1
リーマン・ショック

入金が先、支払いは後なので、キャッシュフローが確実に回ることが幸いし、その後も使われていない空間を見つけては会議室にしていきました。

工夫さえすれば、ビルの屋上にある掃除道具置き場も立派な会議室になります。ポイントは、「スペースをいかに無駄なく使うか」です。そのため、机は狭い部屋にも対応できるようギリギリの大きさにして収容人数の最大化に努めたり、エレベーターがない建物でも使用する階段をきれいにしたりして、お客様に気持ちよく使っていただけるよう工夫をしました。

こうして事業は雪だるま式に大きくなっていきました。初年度は売上二億円、営業利益二〇〇〇万円、二年目は売上七億円、営業利益一億円、三年目は売上二〇億円、営業利益六億円。まさに経営は順風満帆でした。

そろそろ上場申請をしようと考えていたとき、最初のピンチが訪れます。二〇〇八年のリーマン・ショックです。それまで一度も赤字を出した月はありませんでしたが、いきなり一カ月のキャンセルが五億円になり、同じく赤字が一億円です。

しかし、悪いことばかりではありません。リーマン・ショックの後、家賃相場が五〇％近く下落するのを見て、全オーナーに対し、「五〇％とはいわないまでも、せめて四〇％値下げしてほしい」と自ら交渉し、ほぼすべてのオーナーから承諾を得ることができたのです。それまでは家賃だけでも月二億円払っていました。四〇％の値下げを実現して八〇〇〇万円を削減できたため、一カ月の赤字を一億円から二〇〇〇万円へ大幅に縮小することができました。

続いて自ら営業本部長として陣頭指揮を執り、時間貸しの会議室の単価を三割値下げすると、それまで中心ユーザーだった電機メーカーや自動車メーカーのような輸出型企業に代わり、アパレルや外食産業などの内需関連企業から「会議室を研修やトレーニングセンターとして使いたい」という、申込みが一気に増えました。そのほか、ＴＯＥＩＣやＴＯＥＦＬなどの英語試験会場としても使われるようになりました。会議室単価を安くしたことにより、受験料に見合う会場費となったのでしょう。

こうして仕入れを四割下げて、料金を三割下げた結果、お客様の数は二倍に増え、売上も一・五～二倍になりました。リーマン・ショックという危機を乗り越え、筋肉質の会社に成長することができたのです。

試練その2
東日本大震災

次の試練は、二〇一一年三月の東日本大震災です。リーマン・ショックのときと同様に、五億円近い予約キャンセルが生じました。しかし、その年の五月に品川の旧パシフィックホテル東京（現・品川GOOS）の宴会場を「TKPガーデンシティ品川」としてホテル宴会場運営事業に乗り出したのです。震災直後はホテルの宴会場も稼働率が極端に落ち込んでおり、「使われていない厨房、調理人を宴会場とともに借りる」ことを思いついたのです。

会社を立ち上げてからしばらくは、お客様から「コーヒーや弁当がほしい」という要望があると、デパートの食品売り場から買ってきたり、惣菜コーナーでつくってもらったものを提供していました。また、会議の後に「同じ場所で懇親会を開きたい」というお客様もいます。そのような場合は、近くの中華料理店から惣菜を六～八種類仕入れ、それを合羽橋の道具街で買った皿に盛り付けて、ホテルのバンケット風のケータリングを行っていました。

しかし、この方法は人件費がかかり、何より数が多くなると自分たちでは対処しきれません。途中から弁当会社やケータリング会社に任せるようにしていました。

この「TKPガーデンシティ品川」でホテル宴会場ビジネスに参入して、ホテルの厨房と腕利きの調理人が仲間に加わったおかげで、「自分たちで料理をつくって届ける」というケータリングの内製化が可能になりました。

ホテルは、総じてあまり立地条件のよくないところに建っている上に、広いロビーやチャペルなどがあるため、実際にレンタルできるのは総床面積の四〇％程度です。一方、当社の会議室は駅の近くにあって、使える面積は八〇％以上あります。だから、ホテルに比べ、安い単価で提供できるのです。しかも、ホテルの厨房と調理人を活用して料飲事業を内製化したことで、お客様はより便利な場所で、格段に安い料金でホテルと同じ料理とサービスを享受できるようになり、これが大ヒットにつながっていきました。

さらにその翌年、やはり震災で経営不振に陥っていた老舗の仕出し弁当製造販売部門を買収し、それまで空いていた深夜に当社の会議室用の弁当の製造を始めたところ、それまで毎月一〇〇〇万円の赤字だったのが、いきなり黒字転換しました。震災という逆境がなければ、「BtoBで集客して、それをBtoCのビジネスに生かす」というビジネスモデルには出会えなかったかもしれません。

このようにして最初の会議室から、宴会場、料飲・ケータリング・弁当、宿泊研修施設・旅

図1

“空間再生”による高付加価値化

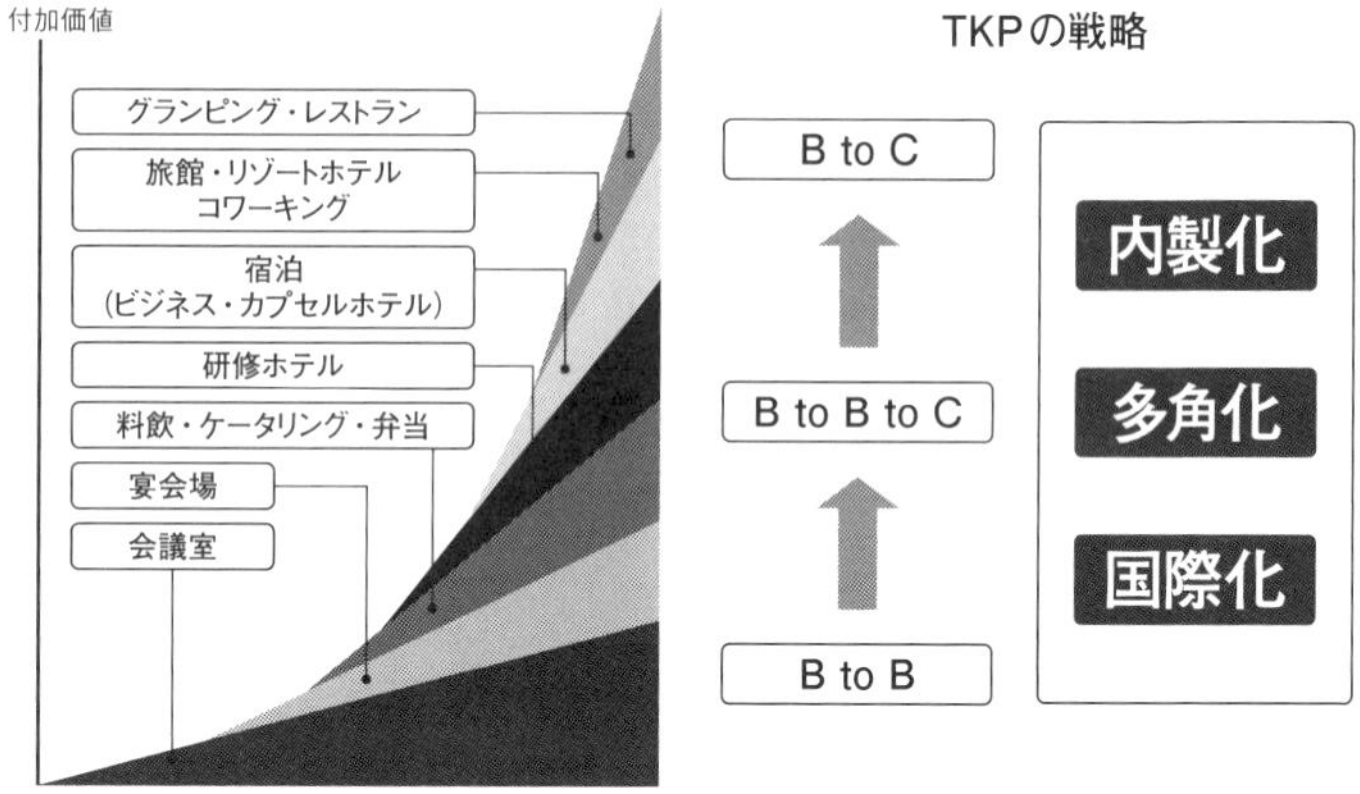

©TKP Corporation

館・リゾートホテル、レンタルオフィス・コワーキング、レストラン、グランピングというように、付加価値を高めるために業容を拡大し、現在に至るというのが、当社の歩みです（図1）。

二〇一九年四月に、レンタルオフィス世界最大の「日本リージャスホールディングス株式会社」を子会社化、ならびに「IWG plc」と独占的パートナー契約を締結し、レンタルオフィス事業へ本格参入しました。

二〇一九年七月には、品川配ぜん人紹介所を子会社化。同年八月に、日本リージャスに続き「台湾リージャス」を子会社化しました。

二〇二〇年七月には、ブライダル事業を手がける株式会社エスクリと資本業務提携しました。

図2

TKPのビジネスモデル

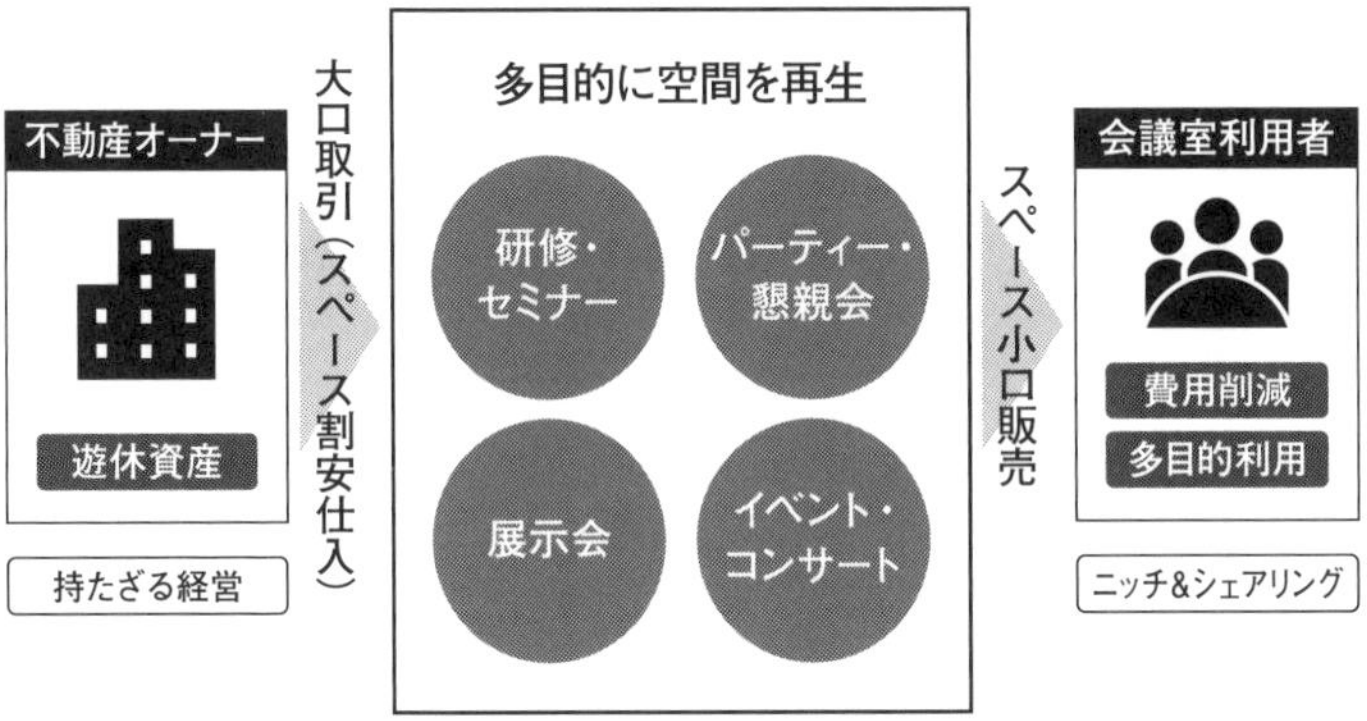

当社はもったいない遊休資産を有効活用するシェアリングエコノミー

©TKP Corporation

動脈ビジネスから静脈《じょうみゃく》ビジネスへ

かつての大量生産・大量消費時代は、新たなモノやサービスを開発して提供する動脈ビジネスが主流でした。これに対し、当社が行っているのは、ダメになったり使われなくなったりしたものを、デトックスしてもう一度利用できるようにする静脈ビジネスです。

あるいは、企業の遊休資産を多目的な空間として再生する「ニッチ・アンド・シェアリング・ビジネス」ということもできます（図2）。

なぜ、このシェアリングが成り立つかというと、売り手と買い手の坪当たり単価に差があるからで、当社はまさにこのギャッ

図3

時間的価値の変化

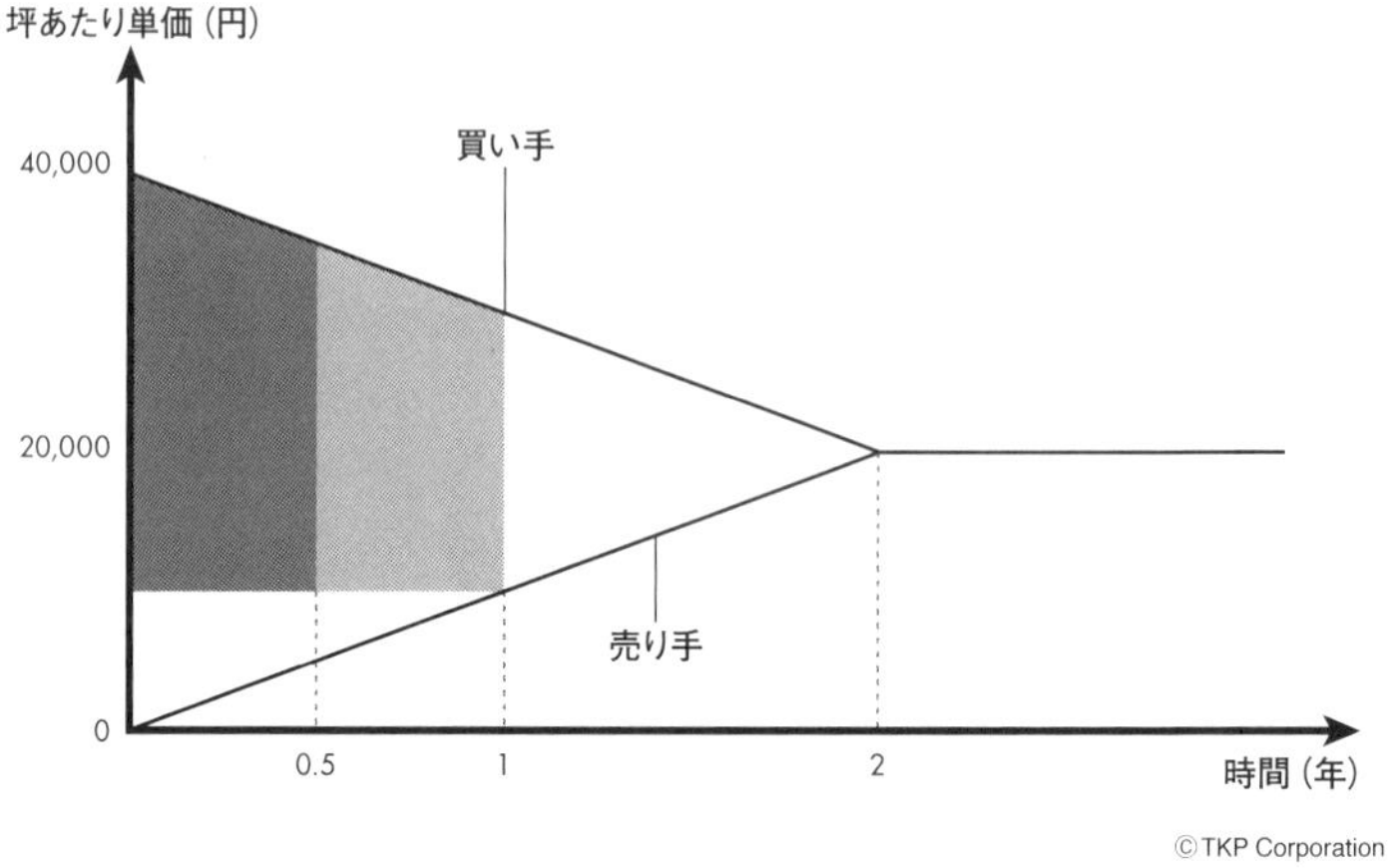

プを取りにいっているのです（図3）。

企業が利益を上げる方法には、「インカムゲイン」「キャピタルゲイン」「フィービジネス」の三つがあります。インカムゲインは、利子や配当収入のようにお金がお金を生むシステムです。キャピタルゲインは、安く買って高く売ることで利益を得るやり方です。フィービジネスは、仲介手数料やポータルサイトの広告収入のようなものを指します。そして、この中でいちばん儲かるのはキャピタルゲインです。

当社は、不動産を借りて自らがサブオーナーとなってインカムゲインを取り、同時に、「TKP貸会議室ネット」というポータルサイトを運営して、フィービジネスの効果も狙い、最終的にそこで獲得したお客様に販売して、キャピタルゲインを取るという収益構造です。

周辺ビジネスに関しても、根幹のレンタルオフィス・貸会議室事業に付加価値をもたらし、そこから派生するサービスを事業化しています。ジャンルでいうと、ケータリング、弁当、カフェ、レストランといった料飲サービス。それから、研修旅行パック、社員旅行パックのような宿泊サービスや交通手配。セミナーのオプションとしての同時通訳システム、テレビ会議システム、研修コーディネートなど。さらに、イベントのプロデュースやテレマーケティングも手がけています。

当社の現在の顧客単価は、一人一時間約二〇〇円で使用時間の平均が五時間ですから、だいたい一〇〇〇円です。これに弁当が加わるとプラス一〇〇〇円、懇親会が入るとプラス五〇〇〇円、さらに宿泊を伴うと、合計で一人一万五〇〇〇円から二万五〇〇〇円になります。このように、オプションが加算されることで売上が上がっていくのが特徴です。

また、会議室よりもオプションサービスのほうが利益率が高いため、オプションを増やせば利幅も確実に増えます。ちなみに、利益率が高いのは〝ついで営業〟だからです。たとえば、旅行代理店が飛行機や新幹線の手配を行う場合、店舗や人件費などの経費が発生しますが、当社では、会議室を売る人間がついでに販売するだけですから、余計な人件費などはかかりません。〝ついで営業〟はメリットが大きいのです（図4）。

図4

より高付加価値な収益モデルへ

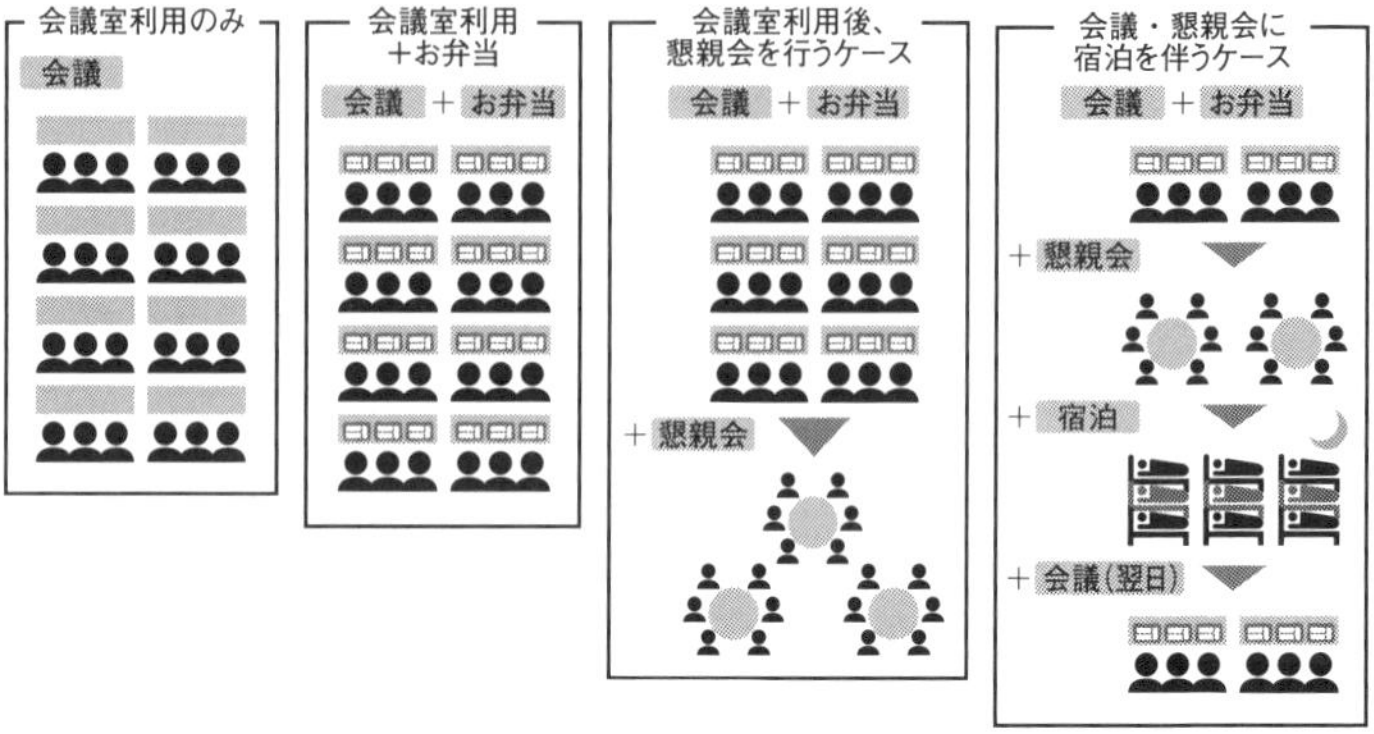

料飲・オプション・宿泊を伴う高付加価値モデルにより、さらに売上を拡大

© TKP Corporation

空間再生利用・コンバージョンの事例

1. 常盤軒

二〇一三年に、一九二三年（大正一二年）創業の老舗「常盤軒」の仕出し弁当製造事業を譲受しました。これで弁当の内製化が可能になりましたが、完全に内製化してしまうと、トレンドが見えなくなる恐れがあるため、現在は内製七割、外注三割にして、最近は他社とのコラボ弁当にも力を入れています。

2. 石のや

静岡県の伊豆長岡温泉にある老舗高級温泉旅館「石のや」を、会議室併設型温泉旅館に再生しました。有名な温泉旅館でも、平日はかなり空きがあります。そこで宴会場を利用して、平日に会議室として使えるようにし、黒字化に成功しました。まさに「アイドリング時間はB to Bで埋める」という当社ビジネスの基本スタイルです。

3. レクトーレ

某企業の保養所を借り上げ、リゾート型セミナーホテルに再生しました。畳の部屋を洋室に変えて、小上がりにマットを置きベッドにしています。リゾートホテルのときは一部屋にマット二つ、研修の際は四つにします。足つきのベッドではないので、このような変更が可能なのです。

4. アパホテル

使われていない医療施設を、会議室併用型ビジネスホテルに再生しました。

現在は、アパホテル最大のフランチャイジーとして、全国に一〇棟（※）のアパホテルを運営しています。

※札幌（札幌駅前、札幌駅東口）、仙台、東京（日暮里、西葛西、上野）、神奈川（川崎）、大阪、福岡（東比恵、天神）

5. ティーケーピー市ヶ谷本社

シャープの東京本社だったビルを1棟まるごと借り上げ、そこに貸会議室・宴会場と宿泊キャビンを併設しました。それから、総合受付はキヨスク風の総合ストアを兼ね、さらに受付の横に八重洲ブックセンターに出店していただき、ベストセラーや売れ筋のビジネス書を販売しています。

当社が大切にしていること

当社がとくに大事にしているのは「信用力」「ブランド力」「資金調達力」の三つで、これらを高めるために何をすればいいのかを常に考え、対策を立てています。

二〇一七年三月に東証マザーズに上場を果たし、これら三つを一気にグレードアップする機会を手に入れました。

今後の可能性

「社会の問題の解決を事業上の機会に転換することによって、社会の要請に応え、同時に利益にすることが企業の機能である」

このピーター・ドラッカーの唱える企業観こそが、私の仕事のモットーです。世の中にはまだまだ、もったいない施設や、もったいない人財がたくさんあります。そして、そのすべては事業化できると、私は確信しています。つまり、0から1を創り出す空間再生流通企業ティーケーピーの未来には、無限の可能性が広がっているのです。

（二〇一八年三月三日「ATAMI　せかいえ」にて収録）

第三章

〝なくてはならぬ〟、世界変えるウェブサービス

金谷元気

PROFILE

金谷元気

Genki Kanaya

akippa株式会社 代表取締役社長

1984年生まれ。高校卒業後より4年間Jリーガーを目指し、関西リーグなどでプレー。引退後に上場企業にて2年間営業を経験し、2009年2月に24歳で一人暮らしをしていたワンルームの部屋で会社を設立。契約されていない月極駐車場やマンションの空き駐車場を15分単位で賃借りできる駐車場シェアサービス「akippa」を運営。

図1

akippaの収益モデル

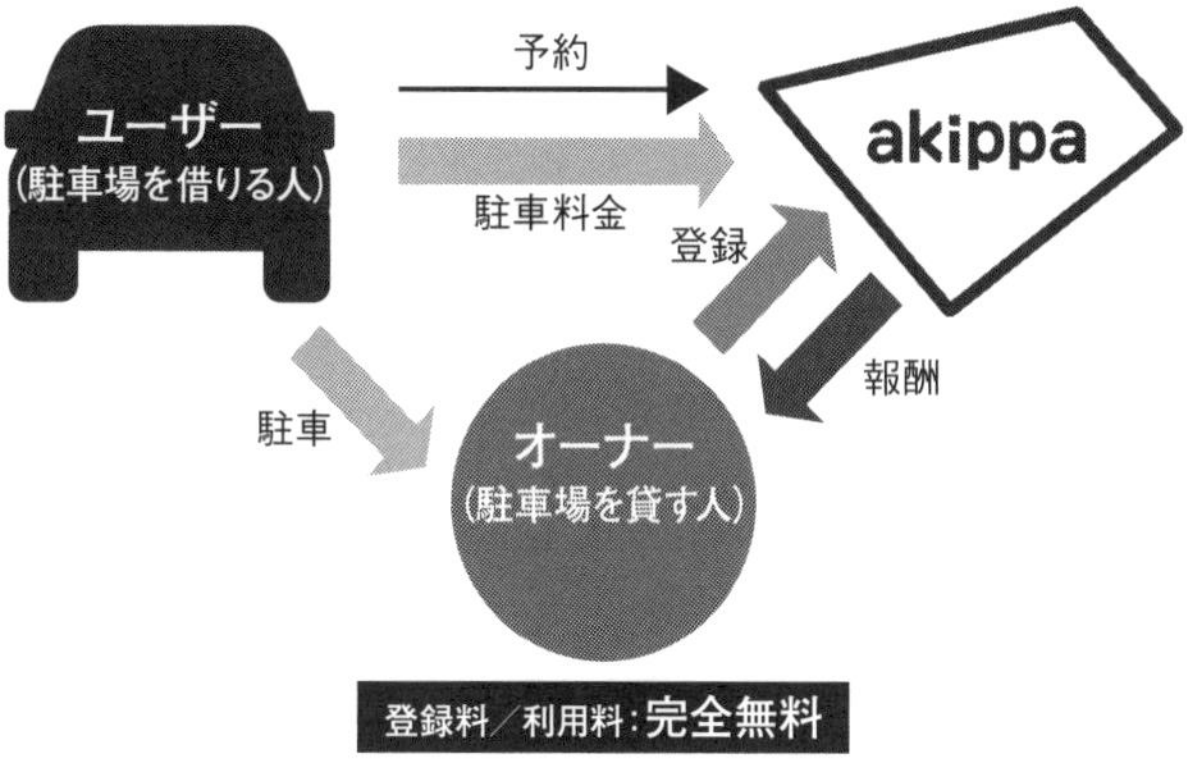

©akippa Inc.

ビジネスモデルと特徴

当社は、駐車場シェアサービス「akippa（アキッパ）」というビジネスを行っています。

「akippa」とは、「契約されていない月極の駐車場や、空いているマンションの駐車場などを、一日単位（最小ロット一五分単位）でネット予約して使えるアプリ」のことです。

まず、駐車場を借りる人が「akippa」に駐車料金を支払い、次に、「akippa」が駐車場を貸す人（オーナー）に、そのうちのおよそ五〇％を支払うという収益モデルになっています（図1）。登録料や利用料は発生せず、機械の設置などもありません。オーナーの初期費用は完全無料です。

駐車場を借りるユーザーから見た、「akippa」の主な特徴は、次の三つです。

1．ネット予約ができること

すべての駐車場が当日から一四日前、もしくは当日から三〇日前からネットで予約することが可能です。

2．料金がリーズナブルであること

たとえば、東京の六本木駅前のコインパーキングに一日車を停めた場合、平均で約四五〇〇円、いちばん高いところなら一万八〇〇〇円かかるでしょう。これに対し、「akippa」なら、マンションの駐車場を一日利用しても約一七〇〇円で済む場所もあります。平均価格の三分の一ですから、かなり安いといっていいでしょう。

3．スマホ決済できること

スマートフォンの決済画面から、クレジットカード払いか、携帯料金と合わせての支払いかのどちらかを選ぶことができます。あらかじめ車のナンバーや電話番号などの予約に必要な情報を登録しておけば、出先でもスマホのアプリを開いて予約すれば、一分後からでも利用することができるのです。

サッカー選手から起業家への道

ここで、起業前の私の生い立ちを、ごく簡単にご紹介します。

出身は大阪です。ずっとサッカーをやっていて、「将来は世界一のサッカー選手になりたい」と思っていました。

高校時代にサッカーの強豪大学からお誘いがありましたが、「回り道をしたくない」と、高二で進路希望をJリーガーに絞り、三年時には当時J2だったサガン鳥栖の練習生になりました。しかし、プロ契約はしてもらえませんでした。これがサッカーを始めて最初の大きな挫折です。

それでも夢を捨てきれず、卒業後はカテゴリーを落として、関西リーグでプレーすることにしました。ただ、このとき所属していたのはクラブチーム、いわゆるアマチュアチームなので、生活費をアルバイトで稼がなければなりませんでした。週に一度、高校サッカー部の指導をして、大阪府から月約五万円もらっていたものの、これだけではとても暮らしていけません。弁当やピザの配達、それから自分で仕入れた傘やジュースに利益を乗せて売るという個人事業のようなことも始めるようになりました。

折しもメディアでは、当時ライブドア社長だった堀江貴文氏やサイバーエージェント社長の藤田晋氏といった若手ベンチャー起業家に注目が集まり始めていました。私もそういう人たちの本を読んだりしているうちに、徐々に起業について考えるようになっていきました。

社会に出て三年目の二〇〇六年三月、求人チラシの事業を始めました。自分のパソコンで求人の折り込みチラシをつくり、八〇枠を一枠一万円で売って月に八〇万円の売上です。印刷代やアルバイト代を引いても、毎月四〇万円が手元に残ったので、今振り返っても、かなりいいビジネスだったと思います。

その求人チラシ事業が軌道に乗り始めた二〇〇七年一月、Ｊ２のザスパ草津（現・ザスパクサツ群馬）から「練習生として参加しないか」という誘いが来ました。すでに二二歳になっていた私は、「これが最後のチャンスだ」とオファーを受け、群馬県にあるザスパ草津の寮に入って一カ月半、必死で自分をアピールしました。ところが、届いたのは「プロ契約しない」という通知でした。これで「世界一のサッカー選手になる」という夢をきっぱりあきらめて、引退することにしました。

とはいっても、人生に絶望していたわけではありません。サッカーでは同学年のクリスティアーノ・ロナウドに勝てなかったが、ビジネスの世界ならばフェイスブックの創始者マーク・ザッカーバーグには勝てるのではないか。私はかなり真剣にそう思っていました。

「まずは世の中を知るために、上場企業に就職しよう」

これまで求人チラシ事業が多少うまくいったとはいえ、ビジネスの基礎も何もないわけですから、いきなり起業しても成功の確率は低いに決まっています。そこで、業界にこだわらず、新入社員研修をしっかり行っている会社を探すことにしました。「これは」という会社が見つかれば、求人していようがいまいが関係なく、履歴書を片手に「採用してください」と飛び込むというやり方だったので、人事担当者はみなびっくりしていました。

何社か回っているうちに、たまたま新卒の採用枠にひとつ空きのある会社に偶然出くわしました。とんとん拍子で話が進み、二〇〇七年四月に晴れて新卒として入社することができました。まったく運がよかったというよりほかありません。

あくまで起業準備のための就職でしたから、「ここで働くのは二年」と自分で期限を決め、その二年間で起業に必要なスキルや能力を身につけると同時に、「誰にも負けない結果を残す」という覚悟で仕事に臨みました。

そして、全国で二〇〇人を超える営業マンの中で、トップとなる成績を上げると、予定どおり二年後の二〇〇九年一月に退職し、翌月、自分の会社を立ち上げたのです。

クレームから生まれた経営理念

起業した合同会社ギャラクシーエージェンシーは、資本金五万円、従業員は私ひとり、事務所はもともと住んでいた大阪市平野区のワンルームマンションと、ほぼゼロからのスタートでした。

仕事は営業です。法人向けの携帯電話、インターネット回線、ウォーターサーバーなどを販売して手数料を稼ぎながら、人をどんどん増やしていきました。一年後には社員四名、アルバイト五名となり、さすがに自宅兼のワンルームでは手狭になったため、ファミリーマンション、さらに雑居ビルに事務所を移転しました。

さらに、その一年後には、社員が七名に増え、「自分以外の六名がマンツーマンで教えればなんとかなる」と、新卒も六名採用しました。起業から二年半後の二〇一一年九月には、社員数も二〇名を超え、東京オフィスも開設しました。そして、四年目となった二〇一三年の春、営業会社として順調に成長していると思っていたところに、思わぬできごとが起こりました。

その頃は求人広告をメインに扱っていたのですが、「広告を出しても求職者が来ない」というクレームが、何人ものお客様から一斉に寄せられてきたのです。

これにはたいへんショックを受けました。それまでは、「営業成績を上げ、数字を積み上げていけば、会社は大きくなって、自分たちもいい生活ができるようになる」と単純に考えていたのですが、実は、その裏でお客様に迷惑をかけていたのだとしたら、自分たちの仕事に意味があるのだろうかと思いました。

頭を抱えていると、副社長の松井建吾からこう質問されました。

「社長、この会社のビジョンって、いったい何なんですか」

私はとっさに答えることができませんでした。理由ははっきりしています。起業してからそのときまで、会社のビジョンなどまったく頭になかったからです。

私はいったい何のために会社を経営しているのだろう。そこから初めて真剣に考え始めました。しかし、考えても考えても、「これ」といった答えが自分の中から出てきません。

そんな状態のまま、一週間が過ぎようとしていたある日、自宅が停電に見舞われました。停電中は電気が点かなければ、お風呂にも入れず、携帯電話も充電できません。

停電によって、「自分たちが仕事や生活をするのに、電気は不可欠」という現実に改めて気づかされた私は、これだと思いました。

「電気のように、世界中の人々にとって必要不可欠なサービスを提供する会社になろう」

翌日には、この決意を社員の前で発表しました。さらに、夏にはこれを言葉にして、経営理念としました。それがこれです。

「〝なくてはならぬ〟をつくるとは、〝世の中の困りごとを解消すること〟だ！」

空き駐車場にビジネスチャンスを見出す

経営理念を定めた二〇一三年の夏、社員全員で「普段生活していてどんなことに困っているか」を一つひとつ模造紙に書き出していった結果、全部で二〇〇になりました。いい換えれば、ビジネスチャンスが二〇〇個も見つかったのです。

その中で、ある女性社員が書いた「コインパーキングは現地に行くまで満車かどうかわからないから困る」という困りごとに、私は強い関心をもちました。調べてみると、当時は自動車台数がおよそ八〇〇〇万台に対し、コインパーキングの数はわずか四七〇万台分しかありませんでした。また、警視庁と大阪府警の資料によれば、毎秒東京で六万三〇〇〇台、大阪で三万一〇〇〇台の車が路上駐車されているとのことでした。

路上駐車をした人の約半数が「コインパーキングがなかった」「コインパーキングはあったが、満車だった」という理由を挙げているというデータもありました。

では、マンションや個人宅などの時間貸しではない駐車場はどうなっているのかと思ったら、一億台分を超える数が登録されていて、このうちなんと三〇〇〇万台分以上が遊休状態だったのです。

空いているコインパーキングが見つからず、仕方なく路上駐車をしている人々が一〇万人近くいる一方で、駐車場の空きスペースが三〇〇〇万台分以上ある。これらをスマートフォンでつないだら、とんでもないビッグビジネスになると思いました。そして、立ち上げたのが「akippa」です。

今考えれば、エアビーアンドビーやウーバーと同じシェアリングエコノミーのビジネスモデルですが、このときは私も含め社内の誰もエアビーアンドビーやウーバーの存在はおろか、「シェアリングエコノミー」という言葉すら知りませんでした。「世の中の困りごとを解消しよう」というところからスタートしたら、自然とそういう方向に進んでいったのです。

プレゼンイベントで優勝

駐車場を探す人と空き駐車場をスマホでつなぐアプリをつくろう。そう決めたものの、もともと営業会社ですから、社内にエンジニアなどひとりもいません。そこで、まずはエンジニア探しから始めることにしました。その際に、私たちが課した条件は二つです。ひとつは技術力があること。そして、もうひとつが「世の中の困りごとを解決する」という私たちの経営理念を共有できることです。

大阪のコワーキングスペースに足を運んで、そこにいるエンジニアをつかまえては話をし、この二つの条件を満たしている方に業務を委託しました。

それから、「akippa」のサービスを提供するには、空いている駐車場を探すことも必要です。これは私と、求人事業でいちばん成績の悪かった営業マンの二人で行いました。自転車で街を走り回り、月極駐車場を発見すると、看板に書かれている電話番号に連絡し、私たちの趣旨を説明して協力をお願いするというアナログかつ地道なやり方で、半年間に七〇〇カ所もの駐車場を集めました。

こうして二〇一四年四月、ついに「akippa」が立ち上がりました。「これまでにないサービス」ということで、メディアでも取り上げられたものの、開始月の売上はわずか二～三万円程度、もちろん赤字です。私にとって初めてのインターネットビジネスで知見がないため、この赤字がこの先どれくらい続くのか、皆目見当がつかず、不安でいっぱいの船出でした。

間もなく社内から不満の声が起こってきました。求人広告をはじめ従来からの広告営業は、相変わらず順調に利益を出していました。その利益をこの先どうなるかわからない新規事業に投資するのは納得できないというのです。

このまま赤字が続けば、彼らのモチベーションが下がっていくのは避けられません。ならば「akippa」の資金は外部から調達しよう。そう考えた私は、ベンチャーのイベントに参加し、そこでプレゼンテーションをして出資を募ることにしました。

自分たちのやろうとしていることが伝わればなんとかなる、そう自分にいい聞かせてイベントに臨んだところ、なんと合計で約五〇〇〇万円のお金が集まりました。「これで一年は続けられる」と胸をなでおろしたのは、いうまでもありません。

それで、既存事業に二五人を残し、残りの六人を「akippa」専属と体制を整えました。私自身は「世の中を変えるビジネスになる」という思いが日に日に強まり、十分すぎるくらい手ごたえを感じていたにもかかわらず、売上は一向に伸びてきません。なんとか効率的にアピールできないか、あれこれ模索していると、ある情報が目に入りました。一二月に「Infinity Ventures Summit（IVS）2014」というトップレベルの経営者および経営幹部が一同に集まる招待制カンファレンスイベントが開催され、そこでベンチャー企業のプレゼンテーション・コンテスト「LaunchPad（ローンチパッド）」が行われるというのです。

これに出て優勝すれば、世間は嫌でも「akippa」に注目する。このチャンスを逃してなるものかと、対策を練りに練り、必死にプレゼンの練習をしてコンテストに臨みました。そして、結果は見事に優勝しました。この模様はユーストリームでも中継され、会社でそれを観ていた他の社員も、優勝の瞬間には「社会から初めて認められた」とみな歓喜の涙を流したそうです。

ＩＶＳ優勝でビジネスモデルが認められ、社内の一体感も生まれたので、「これはもう全社を挙げて突き進むしかない」と、既存事業には三人だけ残し、残りは全員「akippa」に移しました。さらに外部から二億円の追加融資を受けて体制を固めると、翌年二月に社名をそれまでのギャラクシーエージェンシーから akippa に変更しました。

ＩＶＳ優勝の効果はまだ止まりません。当社で働きたいという優秀な人材が続々と集まってきたのです。おかげでそれまで業務委託していたエンジニアも内製が可能になりました。

ビジネスの現状

二〇一八年時点で、駐車場の供給元はほとんどが企業で、個人はまだ全体の五％程度です。

鉄道系では、線路の高架下や駅前に空きスペースがかなりあるため、そこを「akippa」に貸し出し、「駐車場まで車で来て、あとは電車で目的地に向かう」というパーク・アンド・ライドの推進の一環として利用していただいています。

大阪府住宅供給公社などの団地の駐車場は、近年は高齢化が進んで駐車場の空きが増えているので、そこを「akippa」で活用していただいています。

レンタカー会社は、朝一〇時から夕方五時くらいまでは車を貸し出しているため、スペースが空きます。そこを利用できるというわけです。

ほかにも、ビルの駐車場やコインパーキングなども、「akippa」を導入することで、これまでただ空いていただけの場所が利益を生むようになるので、重宝《ちょうほう》していただいています。

それから、最近ではスポーツイベントなどのオフィシャル駐車場に「akippa」を使うところが増えてきました。「akippa」だと事前に予約することができるので、会場に来てから駐車場を探す車で渋滞が起きるようなこともなくなります。ちなみにV・ファーレン長崎のホームスタジアムのオフィシャル駐車場一三〇〇台分は、すべて「akippa」です。

コインパーキングの拠点数を見ると、最大手パーク24の「タイムズ」が全国で約一万八〇〇〇カ所、六〇万台分でトップです。一方、「akippa」の拠点数は累計三万七〇〇〇カ所を超えました。しかしながら、コインパーキングと比べると初期コストがかかりません。また、コインパーキングは立地が重要ですが、「akippa」はスマホのアプリで事前に予約するので、目立たない場所であっても、それがマイナスに作用することはないといえます。それゆえ、拠点数は遠からず「akippa」がコインパーキングを逆転すると私は考えています。

近年は法人利用が増加

「akippa」の利用者を増やす施策として、私たちがとくに力を入れていることのひとつが、カーナビとの連携です。具体的には、二〇一六年一二月よりトヨタ自動車、さらに二〇一七年一二月からはデンソーテンの「イクリプス／カーナビゲーションシステム」と提携しました。これで提携先のカーナビに「akippa」の駐車場情報を表示してもらえます。さらに、画面のQRコードを読み取るだけで予約できるような仕組みづくりも進めているところです。現在は「カーナビタイム」「Yahoo!カーナビ」「PSRナビ」とも連携しています。

このような取り組みがプラスに作用し、二〇一八年二月には会員数が六〇万人を突破しました（注　二〇二〇年七月時点では一九〇万人）。

加えて、最近は法人利用も増えてきています。セブン－イレブンは全国に一万八〇〇〇店舗ありますが、そのうち三分の一は駐車場がありません。そうすると搬入トラックのドライバーは荷さばきをするためにコインパーキングなどに車を停めなければならず、いつも駐車場探しに苦労することになります。そこで、「akippa」に白羽の矢が立ったのです。空いている駐車場なら個人宅のものでもいいので、「akippa」を利用することでＣtoＢというモデルも可能になったことは、非常に興味深いといえます。

丸亀製麺の場合、もともと店舗にお客様用の駐車場はあるものの、広さが十分でなく、すぐに満車になってしまうため、週末などは店内にまだ空席があるのに、駐車場に入れない車が道路に連なっているという状況が珍しくなかったといいます。「この売上ロスをなんとか解消したい」ということで「akippa」を通して、周辺の個人宅の駐車場などを来店者用にしたところ、ある店では一日の来客数が約一〇〇人も増加するなど、平均すると一店舗あたり月約五万円の売上増となったのです。

「akippa」のビジネスモデルは、とくに設備を設置する必要もないこともあって、初期費用がかかりません。そのため、参入障壁がきわめて低く、二〇一六年頃から競合が続々と参入してきました。これに対し、当社も新たに総額一六億円以上（注　二〇二〇年七月現在は三五億円）の資金調達を行うなどの対策を施したこともあり、現在も業界内では当社が圧倒的なシェアを占めています。

MaaS時代の一翼を担う

これが当社の経営理念です。また、「御社は何屋さんなのか」という問いに対しては、「困りごと解決屋」という回答を用意しています。多くの人が不便や不都合に感じている大きな「困りごと」を解決するのが「akippa」の存在意義です。

それでは、今後どんな困りごとを解決していくのか。

ひとつは「移動が難しくて、会いたい人に会えない」という困りごとです。

高齢化が進めば、自分で車を運転できない人が増えてきます。一方で、地方に行くと赤字のバス路線がどんどん廃止されています。以前、ある過疎地のおばあさんから、「近所のスーパーへ出かけていって、地域の人たちと話をするのが楽しみだったのに、最近そのスーパーがつぶれて、生きがいがなくなってしまった」という話を聞いたことがあります。遠方のスーパーに行こうにも、車を運転できず、バスも走っていないため、移動手段がないのです。

自由に移動ができなくなると、人に会う機会が失われます。そうなると、仮にAI（人工知能）などが発達して、家の中だけで不自由なく暮らしていけるようになったとしても、それでみな満足するかといったら、そんなことはないはずです。

つまり、モビリティとは、単なる移動手段ではなく、「人と人が会う」という素晴らしい体験を可能にするために、なくてはならないものなのです。だから、当社はこの問題をどうしても解決したいと考えています。

二〇三〇年の世界では、「運転免許を取得し、車庫証明を取り、車を購入し、運転する」という一連の行動は、単なる趣味になるでしょう。なぜなら、「手段」としての移動はサービスになっているはずだからです。当社もこの流れに乗って、移動の「モノからサービス化」を推進していきます。それがＭａａＳ（Mobility as a Service）、移動をサービス化するプラットフォームの構築です。具体的にいうと、自動運転の車がひとり暮らしのおばあさんの家まで迎えに行き、おばあさんをスーパーまで運ぶ、スーパーでおばあさんを降ろしたら、車は自動で駐車場を兼ねた充電スポットに移動する。これを「akippa」のＩＤで、予約から決済までできるようにします（図2）。

現在は、フェーズ1として、カーシェアに取り組んでいます。カーシェアで調達した車で移動し、その車を予約した駐車場に停め、最終目的地までのラスト1マイルは自転車で行く。これをカーシェア、コインパーキング、自転車レンタルの会社と連携し、「akippa」のＩＤですべての予約決済ができるようにしていきます。

二〇一四年から二〇一七年にかけて、「akippa」のビジネスの中心にあったのは「シェア」と

図2

akippa Maas PF完成系

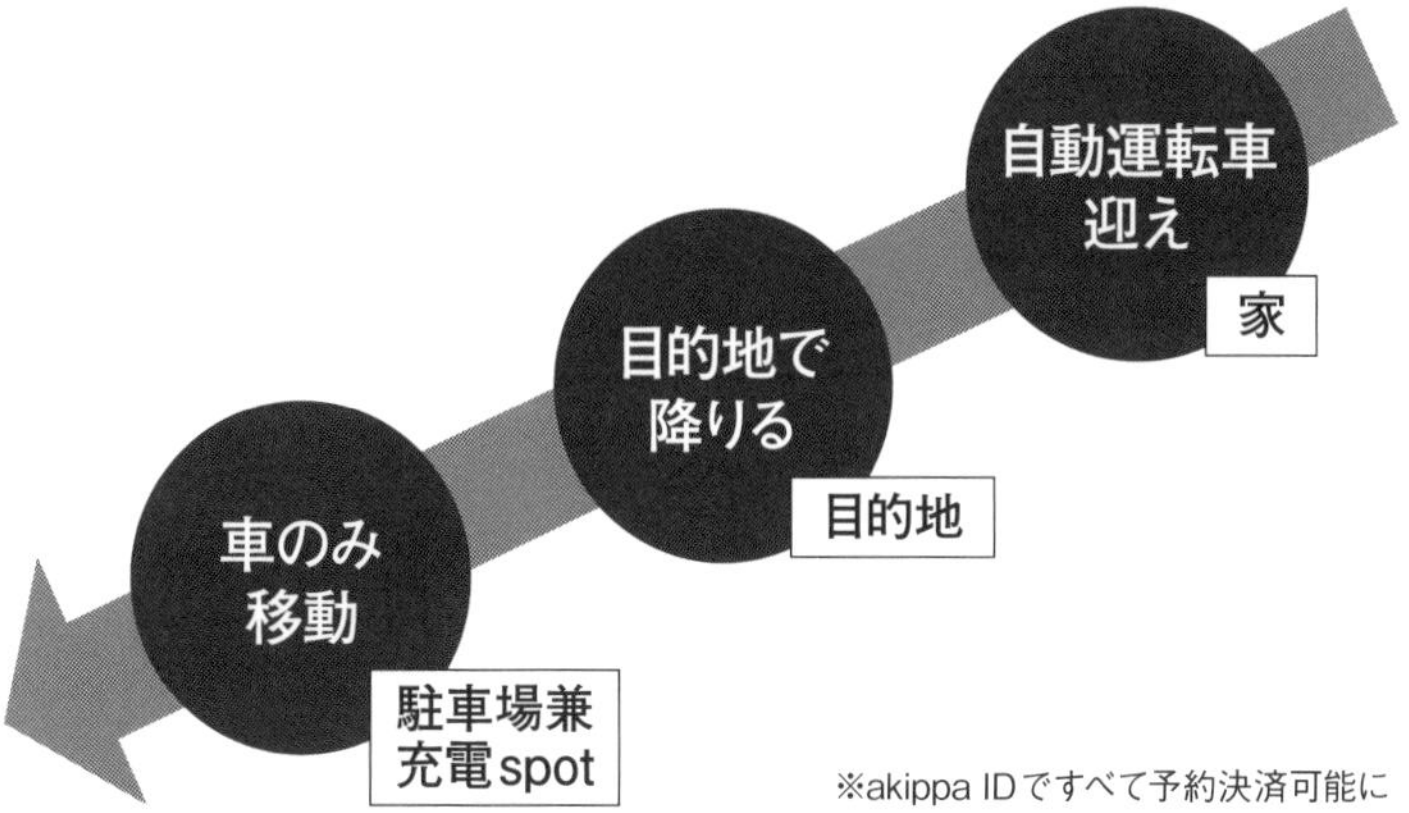

©akippa Inc.

いう概念でした。二〇一八年からはこれに「コネクテッド」が加わってきます。精算機のない駐車場もネットでつないで、そこに予約と決済のシステムとユーザーを提供していくのです。

そして、二〇三〇年に「akippa」は世界最大のモビリティ・プラットフォーマーになります。ライバルはトヨタであり、ウーバーです。そして、グーグル、フェイスブック、アップルを超える会社になります。

二〇一八年四月、駐車場予約アプリ「akippa」は四周年を迎え、ブランドを再定義しました。

PARK UP. anytime anywhere.

「会いたい」をつなぎ、みんなを元気にする。

いつでもどこでもPARKできるアプリ。

PARK＝駐車、人が集まる場所
PARK UP＝車などを停める
PERK UP＝人を元気づける

人が移動するのは、誰かや何かに会うためです。「人と人が会う」「人が体験に出会う」、それらを意識したサービスを展開し、世の中を元気にしていく。そんな私たちの思いが込められているのです。

「akippa」は駐車場予約アプリにとどまらず、ＭａａＳを軸としたモビリティ・プラットフォームを目指し、新しいサービスの提供などを通じて、『会いたい』をつなぎ、みんなを元気にする。いつでもどこでもPARKできるアプリ」を提供していきます。

（二〇一八年三月三日「ＡＴＡＭＩ　せかいえ」にて収録）

第四章

ワンコインの子育てシェアが社会を変える!

甲田恵子

PROFILE

甲田恵子

Keiko Koda

株式会社AsMama 代表取締役CEO
1975年大阪府生まれ。フロリダアトランティック大学留学を経て、関西外国語大学英米語学科卒業。大学卒業後の1998年、省庁が運営する特殊法人環境事業団に入社。役員秘書と国際協力関連業務を兼務する。2000年、ニフティ株式会社に入社。海外マーケティング・渉外・上場準備室を経てIRなどを主幹。2007年、ベンチャーインキュベーション会社、ngi group株式会社に入社し、広報・IR室長を務める。2009年3月退社。同年11月に子育て共助コミュニティを街ごとにデザインする株式会社AsMamaを創業し、代表取締役CEOに就任(現任)。2016年1月、一般社団法人シェアリングエコノミー協会理事に就任(現任)、2018年4月、総務省 地域情報化アドバイザーを拝命(現任)。

起業のきっかけ1

二〇〇九年三月、私は当時勤めていた投資会社を会社都合で退職を余儀なくされました。その前年に起こったリーマン・ショックの影響で、経営が悪化し、社員の九割が解雇されたのです。もちろん、それまでのキャリアを活かして次の職場を探すという選択肢もありましたが、私は一旦、職業訓練校でウェブ制作を学ぶことにしました。ホームページをつくれるぐらいのウェブの知識があれば、自分の市場価値がもっと上がると考えたからです。

そこでは元プログラマーや元コンサルタントなど、様々な経歴の方々と知り合いました。共通していたのは、「出産や介護などの事情で働きづらくなって、職種を変えざるを得なくなった」という点です。日本は労働人口が減っているというのに、なんともったいないことでしょう。誰か助けてくれる人がいれば、その人たちは仕事を辞めなくてもよかったのです。

また、昼間に在宅するようになると、働く意欲のある専業主婦やシニアの人たちがたくさんいることもわかってきました。そのような人たちが働ける社会になれば、労働力不足の歯止めになるはずです。

私の関心はいつしか、当初の目的であるウェブ制作から、「困っている人」と「困っている人を助けてくれる人」のマッチングができる仕組みの構築に移っていきました。それが創業のきっ

図1

日本社会の抱える課題①

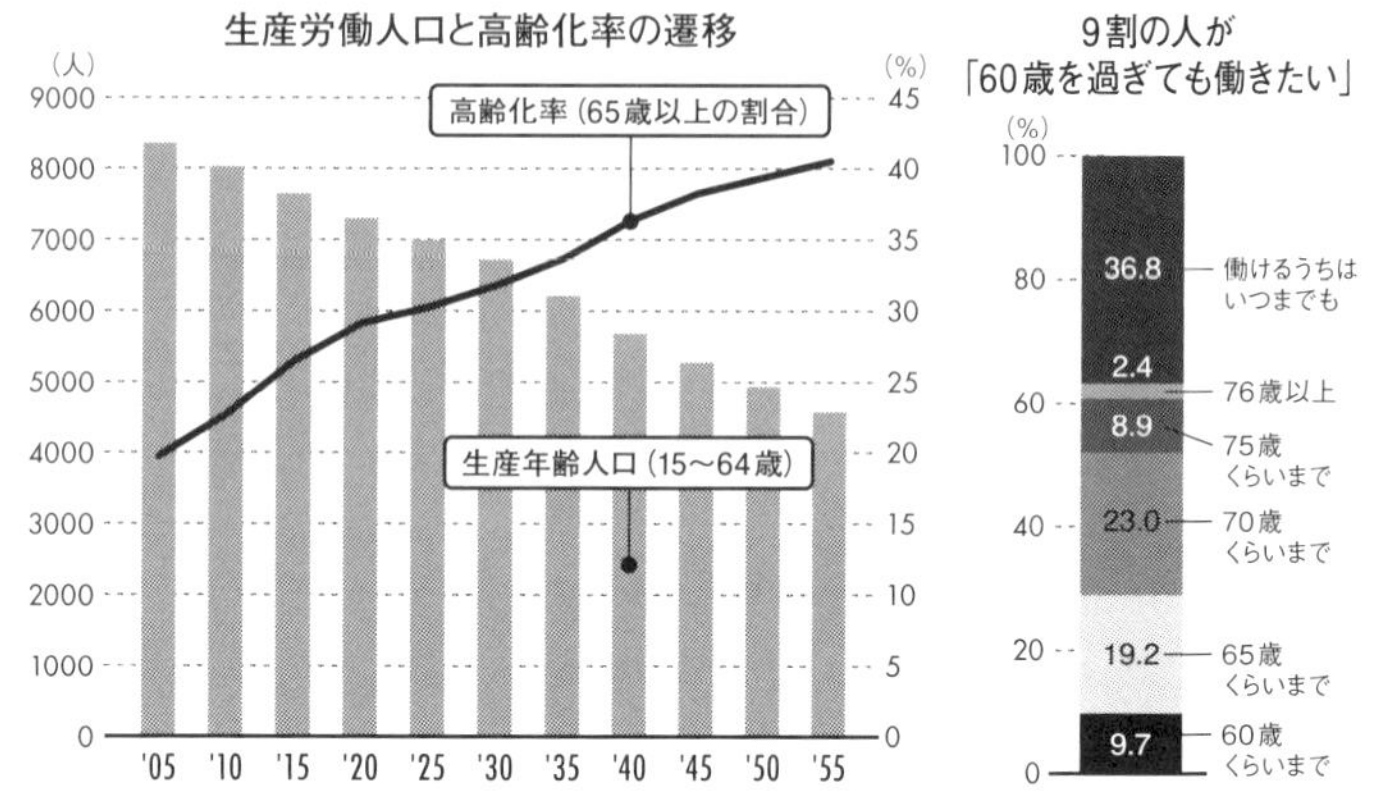

資料：各種統計より Ⓒ AsMama Inc.

かけだといってもいいと思います。

ただし、単なる思いつきをビジネスにしたというわけではありません。事業化する前に、時間をかけてニーズを調べました。

日本社会の抱える課題

「生産労働人口と高齢化率の遷移」のグラフを見ると、二〇五五年には日本の高齢化率が四〇%を超えます（図1左）。その一方で「九割の人が『六〇歳を過ぎても働きたい』と思っている」という内閣府の調査結果もあります（図1右）。

それから「年齢別女性の就業率」を見ると、二五～二九歳から四〇～四四歳の就業率が落ち込んでいることが明らかです（図2左）。ここを欧米並みに引き上げることがで

図2

日本社会の抱える課題②

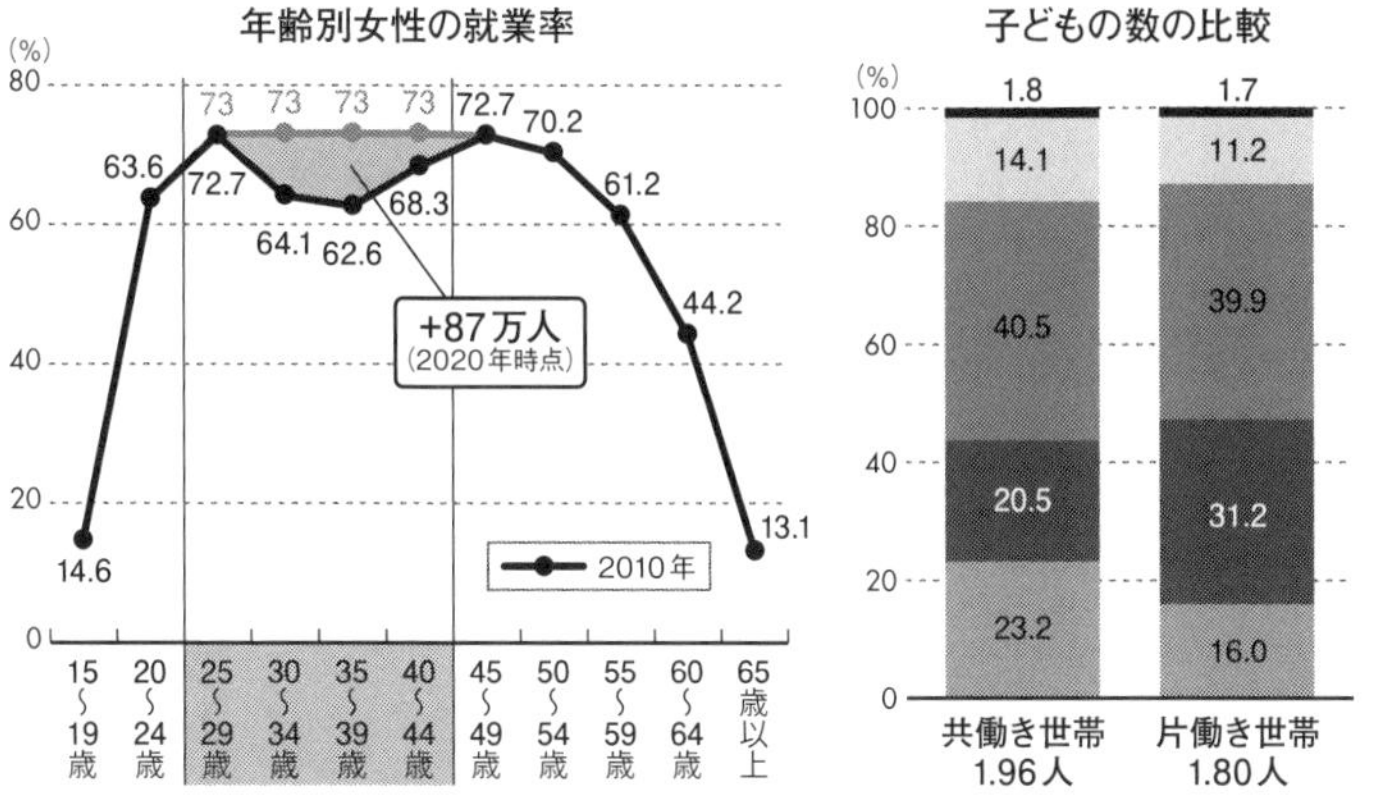

資料：日本政策投資銀行 ©AsMama Inc.

きれば、GDPが約一五％上がるといわれています。また、共働き世帯と片働き世帯の子どもの数を比較すると、前者のほうが多い（図2右）。つまり、女性が結婚しても働き続けられる環境が整っていると、出生率も上がるのです。

これらのデータから、「これからは女性が子どもを産んでも働き続けられるよう、国が環境を整備していく。定年年齢も六五歳、七〇歳と徐々に上がってくる」ということが予想できます。とくに、女性が子どもを産み、育て、働き続けられるようにするためには、子どもを安心して預けられる場所が必要になるため、国も予算を投じて保育園等を増やすといった政策を、今後は積極的にとるはずです。

しかし、それだけで十分かといったら、

図3

送迎・託児支援サービスにおけるAsMamaのポジショニング

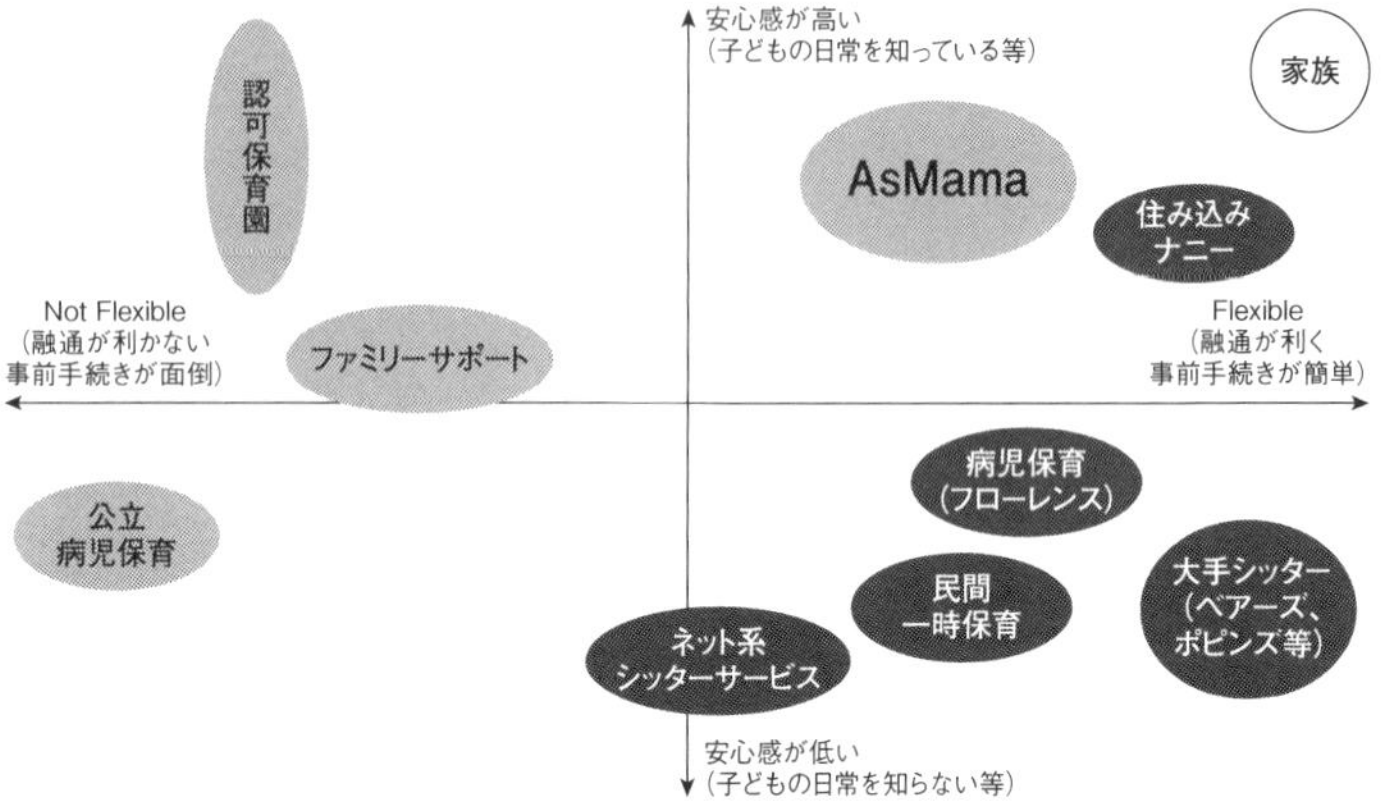

© AsMama Inc.

そんなことはありません。認可保育園以外にも子育てを支援する「託児サービス」がなければ、この課題は解決できないでしょう。ましてや、今後は働き方も、子育てに対する考え方も、今以上に多様化していくのは目に見えているため、いろいろなタイプの託児サービスが求められるようになるに決まっています。

起業のきっかけ2

そこで、現在はどのような託児サービスがあるかについて、縦軸を安心感、横軸を融通としたマトリックスにまとめてみました（図3）。

濃い墨と薄い墨の違いは価格です。一時間あたり一〇〇〇円以下は濃い墨、一〇〇

○円を超えるものが薄い墨となっています。ちなみに、女性の平均時給はだいたい一五〇〇円です。

これを見ると、認可保育園のような公共サービスには、高い安心感がある反面、事前手続きが面倒などの融通の利かなさがあることがわかります。一方、民間の一時保育やベビーシッターは、気軽に利用できるものの、どのような人がどのような対応をしてくれるのかが見えづらく、どこか不安を感じるという人も少なくないようです。また、金額も公共サービスと比べるとどうしても高くなります。

もちろん望ましいのは、親子ともに安心感があって融通が利く託児支援の担い手、家族です。しかし、夫婦二人だけではなかなか難しい。

そこで私はこう考えました。お互いの仕事や、それぞれの子どものこともよくわかっている近所の知り合い同士なら、家族のように保育園の送迎や託児を頼り合えるのではないだろうか。

そんな私の考えをブログで発信したところ、いつもは四つか五つくらいしかつかないコメントが、なんと四カ月で八〇〇もついたのです。この反応の多さに、私はそれまで長年広報の仕事をしてきた経験から、これは間違いなく解決すべき社会課題であり、この課題を解決するサービスを提供できれば、絶対にビジネスになると確信しました。

それでも、最初はまだ自分でやろうという気はなく、自治体の窓口に「こういうことをやってはどうか」と提案に行きました。「公共サービスでできるのなら、それに越したことはない」

と思っていたぐらいですが、なかなか理解してもらえず、私が個人的に支援を求めていると勘違いされて、子育て支援センターや融資窓口を紹介されるなど、どうにも話が前に進みません。

前職のつながりで新規事業開発を担当している友人に、事業化できないか相談したこともありました。しかし、興味をもたれず、「キャッシュポイントが曖昧で、いつ黒字化するかわからない」といわれました。

しかし、どう考えても、いざというときに親が安心して子どもを預けられるサービスは、これからの社会に必要不可欠です。当時、私は三三歳で娘が三歳でした。あと二五年もすれば、娘も母親になっているかもしれません。その頃には、今以上に女性の労働力が求められているはずです。そのときになっても、育児と仕事の板挟みになるような時代のまま変わっていないかもしれないと考えると、それはなんとかしたいと思いました。

「誰もやらないなら、自分でやってみよう」。これがAsMama誕生のきっかけです。

事業モデル

子育てを軸にした顔見知り同士の「共助コミュニティ」を形成するプラットフォームの提供（図4）と拡散施策。地域課題解決と地域経済活性の両方に資する。これが私たちの行っているビジネスです。

図4

AsMamaの事業モデル

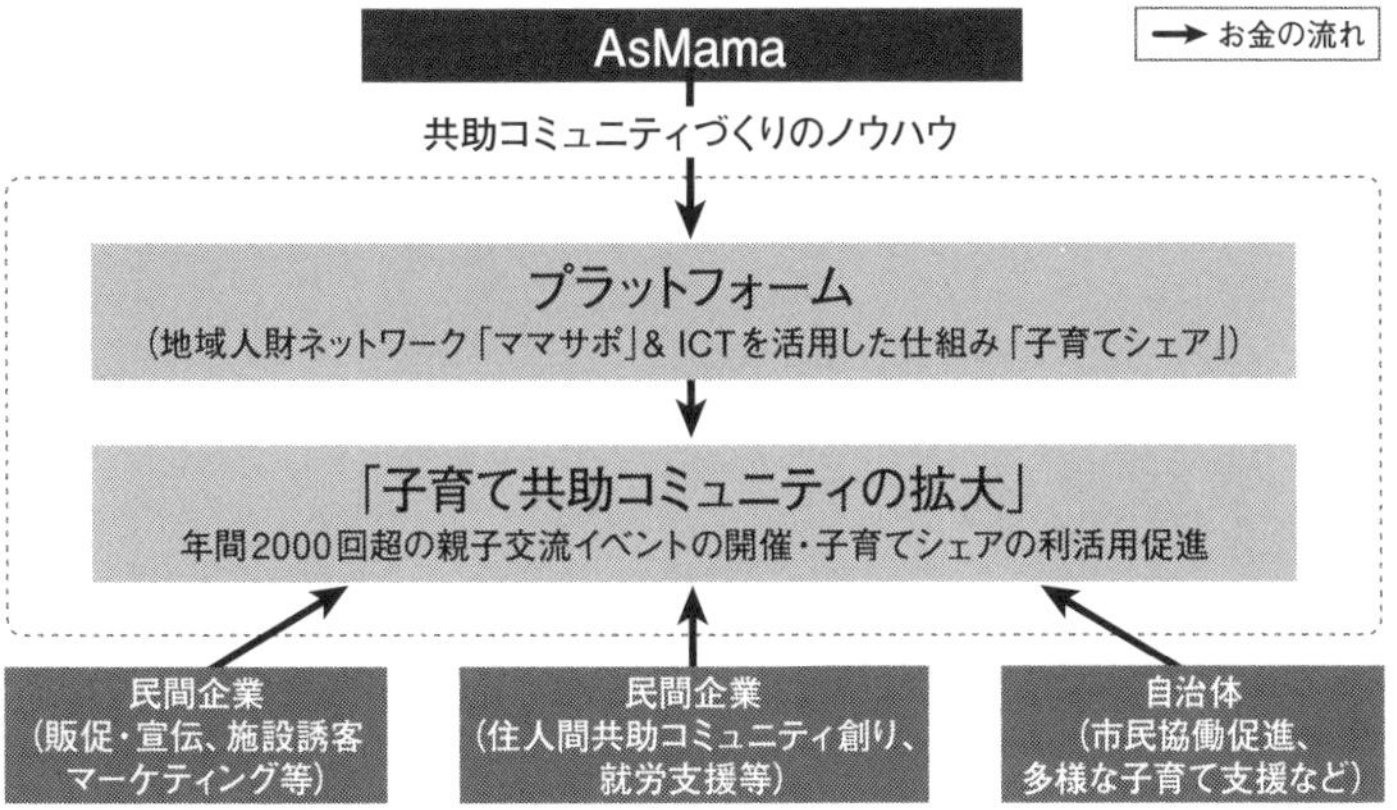

© AsMama Inc.

共助（シェアリング）ビジネスのプラットフォームというと、インターネットを使ったCtoCが一般的ですが、私たちのプラットフォームは、お互いが顔見知り同士であることを前提に、子どもの送迎や託児、モノの貸し借りや譲り合い、一緒にお出かけなどのコトのシェアができるICT（Information and Communication Technology：情報通信技術）を活用した子育てシェアの仕組みです。ただ、私たちにとって、この仕組みは共助を実現するためのひとつの手段でしかありません。

共助コミュニティ形成において、より重要なのは、コミュニティの担い手の育成です。AsMamaでは、「ママサポ」や「シェア・コンシェルジュ」と呼称する地域コミュニティの担い手を育成し、認定しています。当社では、全国各地に一〇〇〇名以上いる地域コミュニティリーダーと連携して、年間二〇〇〇回を超える親子交流イベントやセミナーを企業や自治体と連携して開催し、「子育てシェア」の利用拡大とともに、コミュニティ形成を図っています。

立ち上げから最初の五年間は、ひたすら地域コミュニティの担い手育成と、地域住人の交流機会創出に注力してきました。そして、地域の担い手がイベント周知や子育てシェアを広める口コミ力を活用して、生活や子育てに役立つ自社の商材やサービスを広めたい企業のプロモーションやマーケティング支援によって、事業収入を得ていました。その後、特定エリアの住人を対象にしたコミュニティ形成自体が地域課題解消や企業価値向上につながることがわかると、集合住宅内での共助を実現し不動産価値を高めたい企業や、市民との協働で多様な子育て支援をしていくことを考えている自治体や商業施設などとの連携が徐々に進んできたのです。

「ママサポ」「シェア・コンシェルジュ」とは

当社のコミュニティ形成の特徴に、AsMama認定サポーターの略称で「ママサポ」、企業や行政、地域住人との「シェア」のコンシェルジュ役を担う「シェア・コンシェルジュ」をそれぞれの地域コミュニティの担い手として募集・育成するというプロセスがあります(図5)。「地域人材の育成までしながら、シェアリングを広げる」という取り組みは、世界でもあまり類を見な

図5

事業モデル補足「ママサポ」

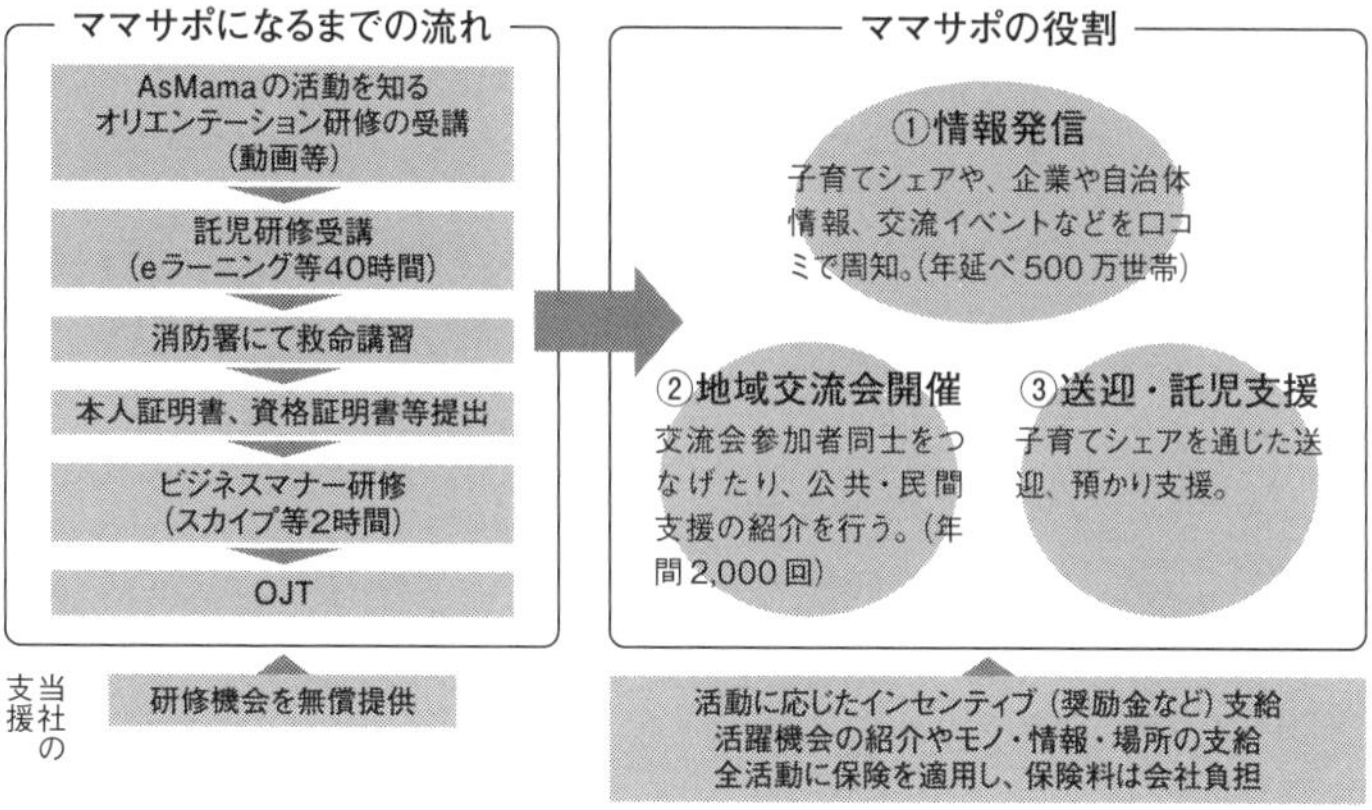

ママサポになるまでの流れ
AsMamaの活動を知る
オリエンテーション研修の受講
(動画等)
託児研修受講
(eラーニング等40時間)
消防署にて救命講習
本人証明書、資格証明書等提出
ビジネスマナー研修
(スカイプ等2時間)
OJT
ママサポの役割
①情報発信
子育てシェアや、企業や自治体情報、交流イベントなどを口コミで周知。(年延べ500万世帯)
②地域交流会開催
交流会参加者同士をつなげたり、公共・民間支援の紹介を行う。(年間2,000回)
③送迎・託児支援
子育てシェアを通じた送迎、預かり支援。
当社の支援
研修機会を無償提供
活動に応じたインセンティブ(奨励金など)支給
活躍機会の紹介やモノ・情報・場所の支給
全活動に保険を適用し、保険料は会社負担

いのではないでしょうか。

「ママサポ」「シェア・コンシェルジュ」の主な役割は次の三つです。

1. 情報発信

「子育てシェア」や、企業や自治体の子育てに役立つ情報を、口コミで地域に届ける。

2. 地域交流会開催

実際に子育てを頼り合える人間関係を構築するために、互いの人となりを知る機会となる地域交流会を開催する。

3. 送迎・託児支援

自分が当事者となって、子どもの送迎や預かり支援を行う。

この三つの役割の一部または全部を担う「ママサポ」「シェア・コンシェルジュ」を全国各地で募集しています。

現在、潜在保育士は日本全国に約八〇万人いるといわれています。もともと保育士として働いていた方が、第一子出産を機に、自分の子の育児に専念するため、離職してしまうケースが多いのです。また、子どもが大きくなって、ある程度自由な時間がもてるようになっても、保育士の仕事は激務で過酷な一面もあって、復帰に二の足を踏む人も少なくありません。

当社では、そういう人たちに対しても、積極的に「ママサポ」「シェア・コンシェルジュ」としての参画を呼びかけ、研修自体はすべて無償で提供しています。

研修内容は、AsMama の活動を知るオリエンテーション研修と情報発信に関する研修を基礎研修とし、地域交流イベントの開催や託児支援に関しては専門研修として、携わりたい活動の内容に応じて、現地講習やeラーニングなどを受講していただきます。救命講習は、各地の消防署にて受けていただき、資格証明書を提出してもらっています。さらに、ビジネスマナー研修を受講していただきます。これでようやく「ママサポ」「シェア・コンシェルジュ」になる条件が整います。

「ママサポ」や「シェア・コンシェルジュ」は単なるボランティアではなく、活動に応じて奨励金などのインセンティブを当社が支給します。また、企業との協働機会の紹介や、協働企業のモノや情報提供も受けられます。さらに、自分たちが企画・実施するすべての活動の集客や運営支援を当社から受けることができます。万一の場合の事故や物損は、当社保険の適用対象となっており、費用は全額当社の負担です。

世界で唯一のビジネスモデル

シェアリングサービスのビジネスモデルは、そのほとんどが①手数料、②会員費、③広告費、④フリーミアム（基本的なサービスは無料、その他の特別な機能は有料）の四つに集約できます。ところが、私たちAsMamaは、すべての利用者に当社の費用負担で保険を適用しているにもかかわらず、登録料や手数料は無料で、プラットフォームからお金をとっていません。四つのビジネスモデルのどれにも当てはまらない、おそらく世界で唯一のビジネスモデルです（図6）。

登録した人が子どもの送迎や託児を助け合う際は、子どもを預ける側が預かってもらう側に一時間あたり五〇〇円から七〇〇円をお礼として渡す「謝礼ルール」を設定してはいますが、カード決済だけでなく、相対での現金決済も選択できるようになっているので、双方の話し合いで二〇〇円にしても一〇〇〇円にしてもいいし、一方が塾の送り、もう一方が迎えを引き受けるという輪番制にすることでお金のやり取りを発生させていない頼り合いも否定しません。

このようにプラットフォームからの収入に頼らないビジネスモデルを実現することによって、親子ともに最も安心で安全なマッチング条件であるだろう「顔見知り同士しかつながらない」

図6

事業モデル補足「子育てシェア」

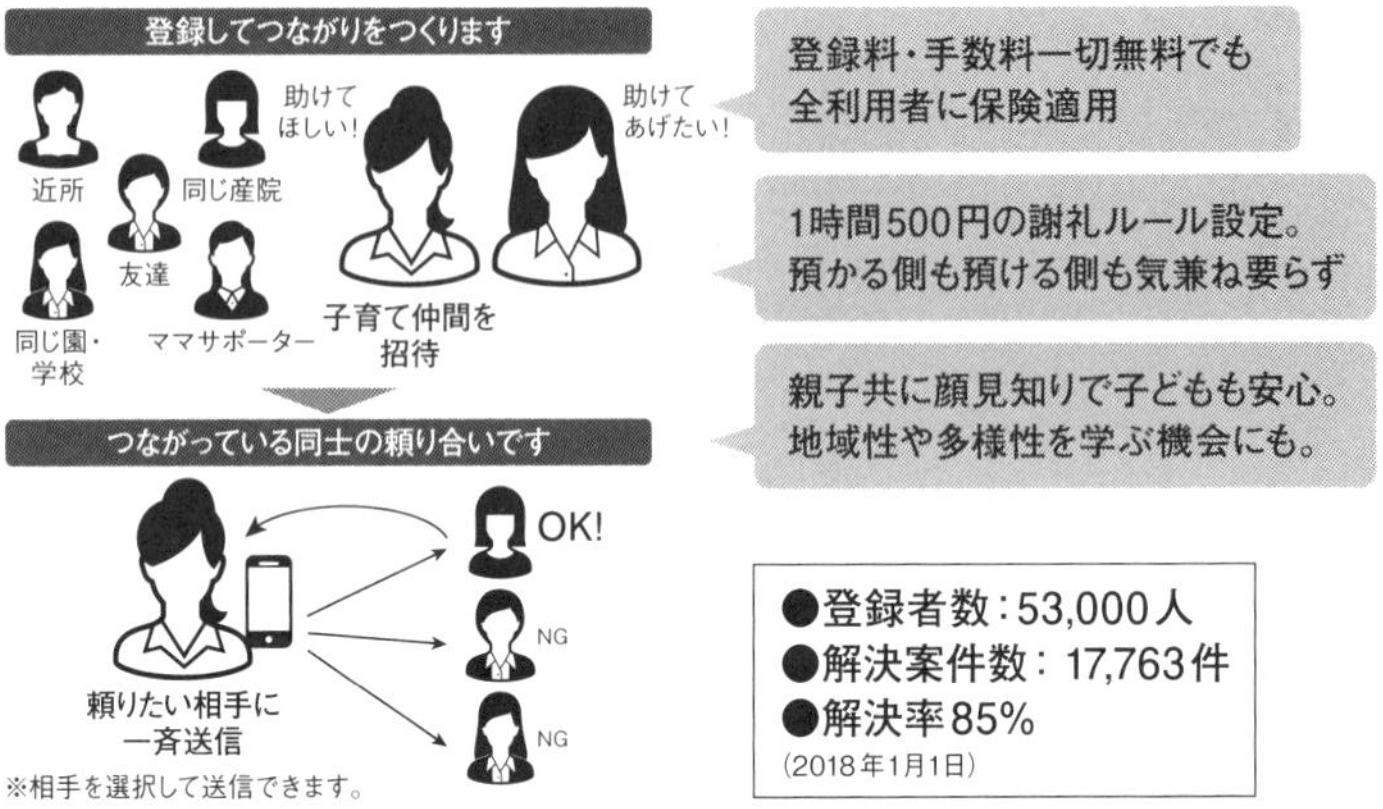
登録してつながりをつくります
助けてほしい！
助けてあげたい！
近所
同じ産院
友達
同じ園・学校
ママサポーター
子育て仲間を招待
つながっている同士の頼り合いです
OK!
NG
NG
頼りたい相手に一斉送信
※相手を選択して送信できます。
登録料・手数料一切無料でも全利用者に保険適用
1時間500円の謝礼ルール設定。預かる側も預ける側も気兼ね要らず
親子共に顔見知りで子どもも安心。地域性や多様性を学ぶ機会にも。
●登録者数：53,000人
●解決案件数：17,763件
●解決率85％
（2018年1月1日）

© AsMama Inc.

というところに重点を置いたシステムを実現させています。システム側が登録者を勝手に結びつけることはなく、本人が友だち申請をして承認されるとつながるのですが、承認時に相手の携帯電話の番号入力を求めることで、知り合いとだけつながることができるのが「子育てシェア」の特徴です。

きちんとしたつながりをつくってもらうために、あえてそういう、ちょっと煩わしい仕組みにしているのです。

二〇一八年一月一日現在、登録者数は五万三〇〇〇人。解決した案件は一万七七六三件、解決率は八五％（注　二〇二〇年六月一日現在、登録者は七万四九六六人、解決した案件は三万七〇件、解決率は八二％）となっています。

手数料を取らない独自の謝礼ルール

私たちがAsMamaの「子育てシェア」をリリースしたのは、二〇一三年です。「登録料や手数料を利用者からはとらない」という方針もこのときに決めました。

ベビーシッターや家事代行サービスの手数料は、一般的に、派遣されてきた人が意にそぐわなかった場合に変更してもらうためのコストなど、ある種の保険料として理解されているようです。しかし、同じ人に何度もお願いしていたら、そのうち気心も知れてきます。そうしたら、仲介会社に手数料を払う意味もなくなってきて、「次回からは直接契約しましょう」となるのが人情です。

また、それまで隣近所で子どもを預け合っていたとしても、いったん事故や事件が起こってそれが社会問題に発展すれば、「資格のない人が子どもを預かってはいけない」といった国主導のガイドラインや規制ができかねません。そうなったら、子育てはますます孤独で不自由なものにならざるを得ません。保険があるから安心というものではありませんが、「子育てシェア」に登録しておくことで、万一の事故には、第三者の仲介や保険が適用できるのは大きな安心のひとつになるはずです。

それでも、登録料や手数料が発生するとなると、どうしても二の足を踏む人が出てきます。

余計な出費が発生しないのならば、登録のハードルはぐっと下がるはずです。

謝礼ルールは、現在は一時間五〇〇円から七〇〇円ですが、最初は自由設定にしていました。ところが、知り合い同士だと、子どもを預かってくれた人にお礼をしようとしても、「お互いさまだからいいよ」になりがちです。本当にお互いさまなら、それで何の問題もありませんが、そううまくいかないのが現実です。私自身のことをいえば、子育て支援を利用してわが子を二〇〇回以上預けていながら、他人の子どもを預かったのはわずか一回だけです。このような状況だと、謝礼ルールが事前に決まっているほうが、「お互いさま」より断然楽で、気楽に利用できるのです。それに、お礼は、お菓子や図書カードなどより、現金のほうがうれしいという人も多いです。

共助ネットワーク拡大に向けた取り組み

AsMama のコミュニティ形成は、当初からネットとリアルの両方を利用して拡大してきました（図7）。ネットは「子育てシェア」、リアルは地域コミュニティの担い手育成と全国で年間二〇〇〇回実施している交流イベントです。ちなみに、イベントに参加する地域コミュニティの担い手である「ママサポ」や「シェア・コンシェルジュ」は、オレンジ色のTシャツをユニフォームとして着用してもらい、「オレンジTシャツ＝地域で子育て支援をする人」という認知を広め

図7

共助ネットワーク拡大に向けた取り組み

リアル

- 全国で当社認定のサポーターを募集、教育し、有償活動家として仕事を委託する（600名以上）。
- 認定サポーター（ママサポ）による対面訴求力日本一。
- 年間2,000回の親子交流イベントを全国で実施（企業協働型が250案件程度）

子育てを支援したい人や企業と子育て世帯がリアルに出会い、交流する機会を全国で展開しながら子育てシェアの周知、活用促進を実施

＋

ネット

- 登録料手数料無料でも日本初・保険適用
- 顔見知り同士が子供の送迎・託児を共助
- 同じ幼保小の親同士がつながる仕組みがあり、防災防犯の役割も担える
- 登録者5万人超、成約率85％以上

「安心で気兼ねなく」送迎・託児を頼り合う環境をネットで実現。（アプリ化）支援すること・されることで一人ひとりの課題解決や自己実現を両立している。

る役目も果たしてもらっています。

①地域コミュニティの担い手＝「ママサポ」「シェア・コンシェルジュ」の募集・育成

②「ママサポ」「シェア・コンシェルジュ」による自主交流会の開催支援

③「子育てシェア」の登録・利用を促進する

これらの活動を、地域との共生に取り組みたい企業や行政から予算をいただき、既存の活動団体など連携しながら実行していくのが、私たちのビジネスモデルです。しかし、一つのエリアで延々と同じ企業からお金をいただき続けるモデルでもありません。私たちは、きちんと持続可能な自立自

図8

地域共助創出の流れと地域へのインパクト

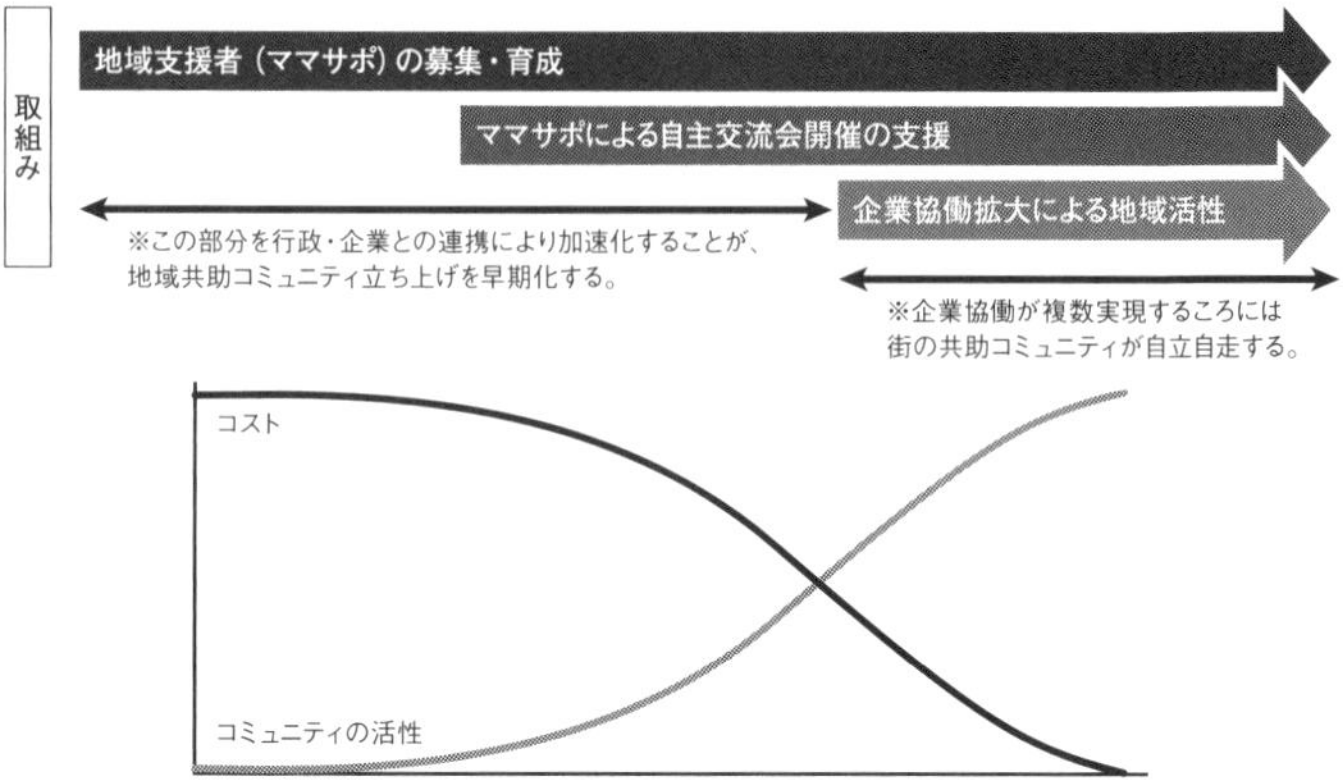
取組み
地域支援者（ママサポ）の募集・育成
ママサポによる自主交流会開催の支援
企業協働拡大による地域活性
※この部分を行政・企業との連携により加速化することが、
地域共助コミュニティ立ち上げを早期化する。
※企業協働が複数実現するころには
街の共助コミュニティが自立自走する。
コスト
コミュニティの活性

©AsMama Inc.

走するコミュニティ形成を一定期間でつくり上げることにコミットして協働を開始します。

ある地域で活動を始めるときには、「ママサポ」や「シェア・コンシェルジュ」はもちろん、「子育てシェア」の利用者もゼロに近いことが多いです（図8）。そして、この状態がだいたい半年くらいは続きます。

協働を開始してから約半年ほどは、これまで地域で活動してきた個人や団体の方に今後の活動に関する協力要請に伺ったり、課題をヒアリングしたりといった信頼関係づくりが必要です。一見、砂漠に水を撒いているような感じで、何をやっているかよくわからないというのが、この時期です。

それでも、半年が過ぎると、地域コミュニティの中核となる個人や団体が複数人生まれてきて、公共施設や空きスペースを使って交流会を開催することに携わってくれる人たちや、子育てシェアを利用して助かったという人たちが、次第に現れてきます。さらに、そのような実体験者の口コミが広がるにつれ、「ママサポ」や「シェア・コンシェルジュ」として主体的に関わることに興味をもつ人たちが芋づる式に増えていきます。すると、地域の遊休スペースを活用した自主的な活動が盛んになり、それに比例して情報拡散のペースも上がるという循環が生まれます。

こうなったらあとは黙っていても、コミュニティが勝手に自立自走で大きくなっていきます。地域コミュニティの担い手が育ち、安定して交流イベントなどを企画・実施できるようになると、受託元の企業や自治体からの予算だけに依存せずとも、様々な企業のマーケティングやプロモーション業務の依頼を受けることができるようになったり、「ママサポ」や「シェア・コンシェルジュ」が自主開催するイベントでも安定して参加者を集めて参加料を得ることができるようになったりと、経済的にも自立したコミュニティになります。目安としては、三〜五年でこの段階までくるようにしています。

「子育てシェア」の具体例

「子育てシェア」とは、実際どのように利用するのか、具体例を説明していきましょう。

私の娘が小学二年生のとき、娘から「鍵を持って出るのを忘れたので、家に入れない」と私の携帯電話に連絡が入ったことがありました。そのとき、私は自宅からかなり離れた場所で仕事をしていて、すぐには帰れない状態でした。

共働きの妻がこのような場合に思いつく選択肢は、だいたい次の三つです。一つ目は、ベビーシッターに頼んで親が帰るまで子どもを預かってもらう。二つ目は、夫にお願いする。三つ目は、夫婦のどちらかが帰宅するまで、家の前やマンションのロビーで子どもを待たせる。ただ、この三つはそれぞれ問題をはらんでおり、いずれも賢明な解決策とはいえません。

一つ目のベビーシッターは、料金が問題です。通常でも一時間当たり三〇〇〇～四〇〇〇円の料金が発生するのに、当日だと特急料金、さらに夜なら夜間料金が加算されるので、下手すれば二～三万円の出費を覚悟しなければなりません。この額では、そう簡単に利用することはできないでしょう。さらには、子どもにとってもいきなり面識のない人が家にいて、密室空間で過ごすという不安な時間を強いることになりかねません。

二つ目は、難なく都合がつく日ならいいですが、「今日は無理」「急には無理」と一蹴されることも少なくなく、それでもごり押しをしてお願いをすることになると、かなりの確率でケンカに発展します。

三つ目は、何より子どもの安全が心配だし、今の時代だと「子どもの放置」や「虐待」を疑われて通報されかねません。

鍵忘れ以外にも、「子どもが急に熱を出したから、迎えに来て」と保育園や学校から連絡が入るなどというのも、子育て中の定番です。そして、このようなことが月に二度三度起こると、「育児と仕事の両立なんて、やっぱり無理」という気持ちになっても、おかしくはありません。

このような突発的なニーズや多様なニーズを踏まえて開発した共助システムが、「子育てシェア」です。あらかじめ自分のスマートフォンにこのアプリをダウンロードして登録しておくと、前記のようなことが起こったとき、「娘が鍵を忘れて自宅前。どなたか救済可能な方はいますか」と、アプリを通してつながっている知人友人から、特定の誰かや複数人を選んでSOSを発信することができ、都合がいい人が支援を申し出てくれるのです。「ママサポ」「シェア・コンシェルジュ」、子どもの通う学校の親、同じマンションの人など、グループに所属している人は、グループを選んで発信することもできますし、急いでいるときなどに自宅から近い半径五キロメートル以内にいる人だけに依頼を発信するといったことも、このアプリなら簡単にできます。

また、通知を受ける側にも配慮した仕組みになっています。「迎えに行ってあげたいけど、ウチの子も今日はちょっと風邪気味で、できれば他の人にお願いしたい」という場合でも、直接連絡をもらっていたら、断りにくいですよね。そこで、「子育てシェア」では、「〇〇さんのお子さんが『鍵を忘れて自宅前。どなたか対応可能な方はいますか』という依頼があなたを含んで〇人に発信されています。あなたの都合はどうですか」と、システムが尋ねてくる形にしているので、直接対応可否を答える気兼ねを軽減できます。

アプリを使って助けを求めると、今はほとんどの方がプッシュ通知のあるスマートフォンや携帯電話を手元に置いているのが普通ですから、たいていすぐに返事がきます。依頼者は、その中からひとりを選んで、アプリの「正式に依頼する」ボタンをクリックするだけです。すると、他の依頼した人には「もうこの問題は解決しました、ありがとうございます。また何かあったらお互い頼り合いましょうね」というメッセージがシステムから自動的に送られるので、一人ひとりに電話して、「せっかく連絡をもらったけど、今回は他の人にお願いすることにしたので……」のような言い訳がましい説明をする必要もありません。

すでに述べたように、「子育てシェア」でかかる費用はなく、一時間につき五〇〇円から七〇〇円の謝礼を相手に渡すだけですから、ベビーシッターに比べれば格段にリーズナブルです。それに、子どもが知らない人と一緒に何時間もいると思うと、「怖がって泣いてはいないか」など、いろいろなことが気になりがちです。しかし、知っている人が預かってくれているなら、親は安心して仕事や所用に集中できます。

「子育てシェア」を初めて利用した人にアンケートをとったところ、「再び利用したい」という回答が九八％、三回以上利用している人ならリピート率がほぼ一〇〇％となっています。

また、「『子育てシェア』を使った結果、何が実現できたか」という質問に対しては、「就職・転職（四四％）」「残業・休日など仕事時間の確保（三三％）」「自分の時間（二二％）」「勉強・自己啓発（二二％）」といった回答が寄せられています。

「子育てシェア」のような仕組みがあれば、育児中でもこのような様々なことができるのです。

AsMamaの運営体制

「子育てシェア」のプラットフォームを提供する私たちAsMamaの社員や「ママサポ」たちの働き方も、非常にユニークかつフレキシブルです。

まず、創業当時から出社の義務がありません。本社は横浜にありますが、沖縄にも仙台にも正社員がいます。情報の遅延が起こらないよう、一〇時から一五時をコアタイムとして、その間は全員がどこかで業務に従事することになっていますが、あとは早朝でも夜間でも、その人の都合に合わせて好きな時間に働いていいというわけです。

企業・市民団体との協働事例

当社は、いろいろな企業や市民団体と協働しています。パートナーの制限は、ほぼありません。「子育てを支援したい」「社員が働きやすいよう環境を整えたい」「自分たちの情報も発信したい」、そういう生活や子育てを支援する意欲がある企業であれば、業種や業界にかかわらず、リファラルによるプロモーション支援やコミュニティ形成を企画・提案することができます。

具体的な協働の事例には、次のようなものがあります。

1．企業と協働するセミナーやイベントの企画・実施

企業のサービスや取り組みを生活者に伝え、ファンや潜在顧客を獲得する施策としてセミナーやワークショップの企画・開催を行います。開催の周知や集客は、当社認定の地域コミュニティの担い手や既存の地域団体と連携して行います。

託児体験とセットの場合が多いのですが、ただ託児場所を利用してもらうのではなく、預ける側も預かる側も、子どもたちも安心でき、その後の共助につながるよう、「ママサポ」との親睦会を行い、そこでいろいろ話をして、「この人と仲よくなりたい」と感じた「ママサポ」に子どもを預けるようにしてもらっています。

2．商業施設と協働した街のコミュニティ拠点づくり事業

施設と周辺住人のコミュニティ形成を目的として、施設内で多種多様な地域交流イベントを企画・実施しながら、オンライン共助コミュニティへの登録・利用促進をしています。当社では、施設タイアップのコミュニティ周知のためのチラシやホームページといった広報ツールの制作か

ら、地域での広報活動、地域活動家が企画・実施する施設内でのイベントコーディネートまで請け負っています。

3．一日数千人が集う、子育て応援フェア「シェア・フェス！」を開催

自治体、市民団体、企業、その地域の住人が一堂に会する、子育て応援フェア「シェア・フェス！」を年間約四〇回開催しています。「子育て世帯向けの大型イベント」というと、一〇〇社を超える企業がブースを並べる大型タイプが多いのですが、当社が行う際は、参加者が訪問したブースで体感・体験したことに学びを得て、お互いの顔を見知れるように一〇社限定とし、来場した人が普段の生活や子育てに関して知りたいと思っている情報が確実に手に入るようにしています。集客人数はだいたい二〇〇〇人から八〇〇〇人程度です。

4．UR他、集合住宅内コミュニティ創生事業

国土交通省が提唱する「公的賃貸住宅団地における持続可能なまちづくりの取組み」の一環として、URなど集合住宅を拠点とした住人間共助コミュニティ形成及び地域住人を含む共助コミュニティ形成支援プロジェクトを実施しています。

自治体協定締結による協働事例

AsMamaは、いくつかの自治体と協定を結び、自治体内で対象住人のコミュニティ形成を行い、子育てしやすい街づくりや、住人活躍を支援しています。住人主導型で、持続可能な自立自走するコミュニティ形成の定着を自治体と一緒に取り組んでいるのは、おそらく当社が日本初ではないでしょうか。

最初に協定を結んだ自治体は、奈良県生駒市です。地域で起業支援をしている市民団体に、「起業を希望する人たちの中にはママもいるので、認可園よりも使い勝手がよく、子どもを安心して預けられるところがないか探していたら、たまたまAsMamaの『子育てシェア』が見つかり、非常に素晴らしいシステムなので、ぜひ広めてほしい」と自治体に進言していただいたことがきっかけでした。すると、「一時間あたり五〇〇円のお礼だけで、あとは登録料も手数料もかからないので、市民に負担もかからない。これはどんどん利用者が増えたほうがいい」と、市が全面的に協力してくれることになったのです。

秋田県湯沢市の場合は、「年間三〇〇人しか子どもが生まれない地域に、新たに託児施設をつくるのは難しい、なんとか市民同士で協力しあう子育ての仕組みができないか」と考えていたところに、「『子育てシェア』というものがある」という情報が耳に入ったのだそうです。それで、調べてみると、まさに自分たちのニーズにぴったりだということで、自治体のほうから当社にアプローチがあって、協定を結ぶことになりました。

さらに、富山県舟橋村の「共助づくり事業」のプロポーザルを受託し、滋賀県大津市とも協定締結と、自治体連携は今後もさらに進むと思われます。

自治体との協働による既存の公共サービスとの連動

自治体と連携することによって、母子手帳を受け取るときや、出生届を提出するときに、「子育てシェア」の情報を提供できるようになります。また、自治体が行っている赤ちゃん学級や予防接種会場に「ママサポ」を配置して、親子の友だちづくり支援やその後の共助を促すということも可能になります。

さらに、自治体がこれまで主催していた地域イベントに、私たちが開催している子育て応援フェアを組み合わせ、それまで地域とは縁がなかったような企業も誘致して、企業と市民団体、住人との新たな出会いを創出するというようなことも行えるようになりました。

今後の展望

今後は、「老若男女が頼り合える街づくり」を目指していきたいと思っています。現在手がけているのは子育ての分野ですが、これから高齢化が進むことを考慮し、介護一歩手前の中高齢者の生活支援、そういう人たちが頼り合えるサービスもすでに視野に入れています。

「子育てシェア」に関しても、送迎や託児だけでなく、お下がりの循環やおすそ分けといったところにまで裾野を広げ、格差や環境問題も一緒に地域で解決していきたいと考え、すでに取り組み始めました。

ただ、それらを実現するには、もっと連携する地域コミュニティの担い手が必要です。現在は全国に一〇〇〇人弱ですが、これを一〇倍の一万人にして、各自治体に一〇人ずつくらいいるような状態になるまで広げていきたいですね。

【質疑応答】

Q1　御社の事業内容は、どちらかというと、ＮＰＯや財団向きのような気がする。あえて株式会社という形態を選んだ理由は何か。

甲田　この事業を始めるにあたっては、「社会的ニーズがあるサービスを提供するのだから、必ず大きなリターンがある」という確信がありました。ただし、「どうやって？」というのは誰も答えをもっていません。そこは猛スピードで試行錯誤する覚悟が必要でした。

ＮＰＯや財団では、何か新しい事業を思いついても、いざそれを実行しようとなった際、「理事会を開き、定款を変え、申請をして、それが許可されるのを待つ」という手順を踏まなければなりません。このスピード感では「変化の激しい時代に対応できない」と思ったのも、株式会社を選択した理由のひとつです。それに、すべての会社は本来、社会の役に立つために存在しているはずです。ですから、「自分たちの事業はソーシャルビジネスである」とあえて定義し、アピールする必要性を感じたこともありません。

Q2　収益はどこから得ているのか。

甲田　イベント企画や広報・集客などを担うリファラル・プロモーション事業は、企業の広告宣伝費やマーケティング費が主な収益源です。地域コミュニティの担い手育成や共助システムの実装を担うコミュニティ事業のほうは、すでにある人間関係をネットワークするというところで、URや自治体から費用をいただいています。ただ、私たちは、「人と人、人と企業が頼り合う」ということを事業ミッションにしているので、必ずしも利益を最大化することを目指しているわけではありません。社会課題を解決することが全ステークホルダーのプロフィットであり、ベネフィットだと考えているので、利益が出たら人材育成とプラットフォームの充実に、できるだけ投資していきたいと思っています。

Q3　保険料は、一人に対し、どれくらい払っているのか。

甲田　シェアリングサービスで、モノ、敷地、スキルなどの貸し借りに保険をかけているところは、一トランザクションにつき五〜一〇〇円程度で計算して保険料を支払っていると思いますが、そういうところと比べてAsMamaは当社や連携する「ママサポ」が実施するイベントの保険やプラットフォーム上で成立するマッチングをすべて包括的に保険対象としてもらっているので単純に一人当たり単価で出すことが難しく、それでも保険料自体はかなりリーズナブルな価格でやってもらっています。「ママサポ」主催の交流会、会社主催イベントをすべて統合しても、乗用車一台分がかかるか、かからないかくらいの額だと思ってください。

Q4 甲田さんの仕事のモチベーションを教えてほしい。

甲田 「自分の娘が大人になって子どもを産んでも、安心して働ける社会にしたい」というのが、創業時の私の思いです。

それを実現するために毎日働いてきたわけですが、実は、これまで一度だけこの仕事をやめようと思ったことがありました。最初につくった事業計画では、半年目くらいから利益が出ることになっていたのですが、実際に始めてみると、全然思いどおりにいかないのです。最初はイベントの参加者から費用をいただいていたのですが、広い会場を借りて親子交流イベントを開いたら、たった二人しか来ない。と思ったら、一〇席しか借りていないファミリーレストランに一〇〇人以上が押し寄せ、店から大目玉を食らう。運営自体もそんなことの繰り返しで、なかなか収益が安定しません。そのうち、「自分たちの商品や商材を紹介させてもらえるのなら、スポンサードしますよ」と声をかけてくれる企業が現れましたが、和気あいあいとした親子イベントで急に企業が宣伝をすると、参加者がだまされたと思って、みな下を向いてしまうので、せっかくのスポンサーも離れていってしまうのです。それで、どうしていいかわからず、創業メンバーの前でつい、アイデアが出尽くして四面楚歌状態であることの弱音を吐いてしまいました。

そうしたら、メンバーたちからは「あなたの事業計画を信じてついてきたのに、どうしていいかわからないとは、どういうことだ」と非難の嵐です。

それで、もう一度初心に返って、私のやろうとしていることは本当にニーズがないのか、街頭でアンケートをとることにしました。

四カ月間、朝から晩まで道行く人に声をかけ続け、いただいた回答が一〇〇〇人分。その結果、いかに多くの女性が子育てと仕事の両立で悩み助けを求めているかという現実を、肌感覚で確信することができました。

だから、今は迷いがありません。そのような困っている方たちにソリューションを提供するのが、私の仕事のモチベーションです。

Q5 ユーザー数はどれくらいか

甲田　リーチしているのは、延べ約五〇〇〇万世帯。ユニークユーザー数はその五分の一から一〇分の一だと思います。

Q6　会社と連携して、「子育てシェア」を利用する際の謝礼金五〇〇円を会社が負担するという形も可能か。

甲田　「子育シェア」は「利用証明書」を発行することができるので、それを提出すれば会社で補塡するということをやっているところはけっこうあります。美容院やネイルサロンでお客さんの分を負担しているようなケースもあります。

（二〇一八年三月三日「ATAMI　せかいえ」にて収録）

第五章

発想とITで人々の日常にワクワクを

天沼 聰

PROFILE

天沼 聰

Satoshi Amanuma

株式会社エアークローゼット 代表取締役社長兼CEO
ロンドン大学卒業。アビームコンサルティング株式会社でIT・戦略コンサルタントを約9年経験。楽天株式会社でUI/UXに特化したWebグローバルマネージャーを経験。2014年7月、株式会社エアークローゼットを設立。

私の経歴

最初に私の経歴からお話しします。

イギリスのロンドン大学ゴールド・スミス・カレッジで経営とコンピュータを学んだ後、二〇〇三年に帰国して、アビームコンサルティングというIT系コンサルティングファームに入社し、約九年間IT戦略コンサルティングの経験を積みました。ちなみに、私は自分でもプログラムを書くぐらい、ITが好きです。

その後、二〇一一年に楽天に転職し、UI／UXに特化したウェブのグローバルマネージャーを三年ほど務めました。

そして二〇一四年七月に、アビームコンサルティング時代の仲間三人で、株式会社エアークローゼットを設立しました

ミッションと事業内容

「発想とITで人々の日常に新しいワクワクを創造する」

これが私たちのミッションです。

現在手がけている主な事業は、次の三つです。

①「エアークローゼット」 ファッションレンタルサービス
②「エアークローゼット×エイブル」 ファッションレンタルショップ
③「エアクロフィッティング」 提案型ファッションEC

当社が提供する価値として、私がとくに重要視しているのがUX（ユーザーエクスペリエンス）です。お客様を中心にした事業活動とビジネスモデルを設計することに徹することです。また、システムはアジャイル開発で、改善や改修をとにかくスピード感をもって行っています。「できる、できない」ではなく、あくまで目指すのは「私たちはこうありたい」というところです。

「エアークローゼット」のサービス

国内最大級のファッションレンタルサービスのプラットフォーム、それが「エアークローゼット」です。私たちがこのサービスを始めたとき、ほかに同様のサービスは見当たりませんでした。まさに、この分野では当社がパイオニアだといっていいでしょう。その後、プラットフォームも含め、ファッションレンタルを手がける競合がいくつか出てきていますが、それでも当社が依然として先頭を走っているのは、「UX」というサービス価値に徹底的にこだわっているからだと思います。

ファッションレンタルサービスというと、これまではウェディングドレスや着物の需要がほぼすべてでした。これに対し、私たちが扱っているのは普段着です。さらに、「月額制で借り放題」という仕組みも、導入したのは私たちが日本初です。

それでは、なぜこのようなサービスを構想したのかについて説明しましょう。最初に、「ファッションレンタルサービスがやりたくて起業したのではない」ということを申し上げておきます。起業するにあたって私の頭にあったのは、次の三つです。一つ目は、大好きなITとインターネットを最大限活用できること。二つ目は、シェアリングエコノミーの概念が入っていること。三つ目は、衣食住のどれかの分野で人々がより笑顔になれるようなライフスタイル支援を行うこと。

これらを念頭に検討を重ねているうちに、大きな社会課題として浮かび上がってきたのが、「女性の働く環境の変化」でした。働く時間が増えるにつれ、女性たちからは、ショッピングに行ったり、ファッション雑誌をゆっくり読んだりする時間が奪われていきます。とくに子どもが生まれてママになると、たまにお洋服を買いに行っても、どうしても自分より子どものものが中心になりがちです。自分のお洋服を選ぼうにも、「抱《だ》っこ紐《ひも》をしたままだと、試着ができない」

という声もよく聞きます。

そこで、「女性の社会進出が進んで、女性がお洋服と出会うきっかけが減っている」という現実があるのならば、「忙しい女性が素敵なお洋服と出会える機会を提供することができたら、そこに新たな価値が生まれるのではないか」と考えました。そうして、「感動するお洋服との出会いを女性の日々の生活の中につくる」という、ファッションレンタルサービスのビジネスモデルに行き着いたのです。

当社のサービスの特徴のひとつが、「オンラインの月額制」という点です。「お客様が自分で選んだお洋服を貸し出す」というレンタルの形でも、経済合理性をクリアできるので、サービスは成り立ちます。しかし、それでは「出会いを提供する」ことができません。それで、私たちは、「当社の契約しているスタイリストが選んだお洋服を配送する」という形式にすることにしたのです。

さらに、「返却期限を設けず、クリーニング代も無料、気に入ったらそのまま購入もできる」という仕組みにしました。

利用の仕方はいたって簡単です。お客様には最初に、自分の好み、サイズ感、働いている環境、着用シーン、それから「二の腕を隠したい」「お尻が目立たないようにしたい」といったファッションに関する悩みや要望などを記入していただきます。当社では、それらの情報をもとに、一人ひとりのカルテをつくり、スタイリストがそのカルテを参考に、お洋服を三着選んで、お客様の自宅に配送します。お客様は届いたお洋服を好きなだけ楽しんだ後、返送していただくと、数日後にはまた別のお洋服が三着届きます。これがサービスの基本的なスタイルです。

女性向けのファッションレンタルというと、一〇代後半から二〇代前半がメインターゲットと思われがちですが、実際に多いのは三〇～四〇代で、平均は三〇代半ばです。属性を見ると、働く女性が九割以上、ママさんが四割となっています。これは、私たちのビジネスの狙いが、経済合理性ではなく、「顧客の時間価値の最大化」にあるからにほかなりません。今のところ、忙しい女性の方々にとって価値のあるサービスを提供できていると思っています。

そういう前提があるので、お客様にお届けするお洋服も、オフィスカジュアルやコンサバファッションが中心となります。

お客様からは「お洋服を買わなくなってお金が節約できた」といった感想はほとんど聞こえてきません。多いのは「自分では選ばないお洋服を楽しめるのがうれしい」「新鮮で似合うとオフィスでほめられた」「新しいお洋服が届くと、自然と外に出かけたくなる」といったもので、まさに私たちの狙いどおりだといえます。

お客様の数は会員登録していただいている方が一五万人強で、このうち一部の方が月額会員としてサービスを利用しています。

ITの活用は、私たちのビジネスの特徴のひとつです。「エアークローゼット」とお客様の間をつなぐのはITですし、スタイリストの選定もオンライン、倉庫ともAPIでつながっていて、

図1

ICT（情報通信技術）によるリアル体験

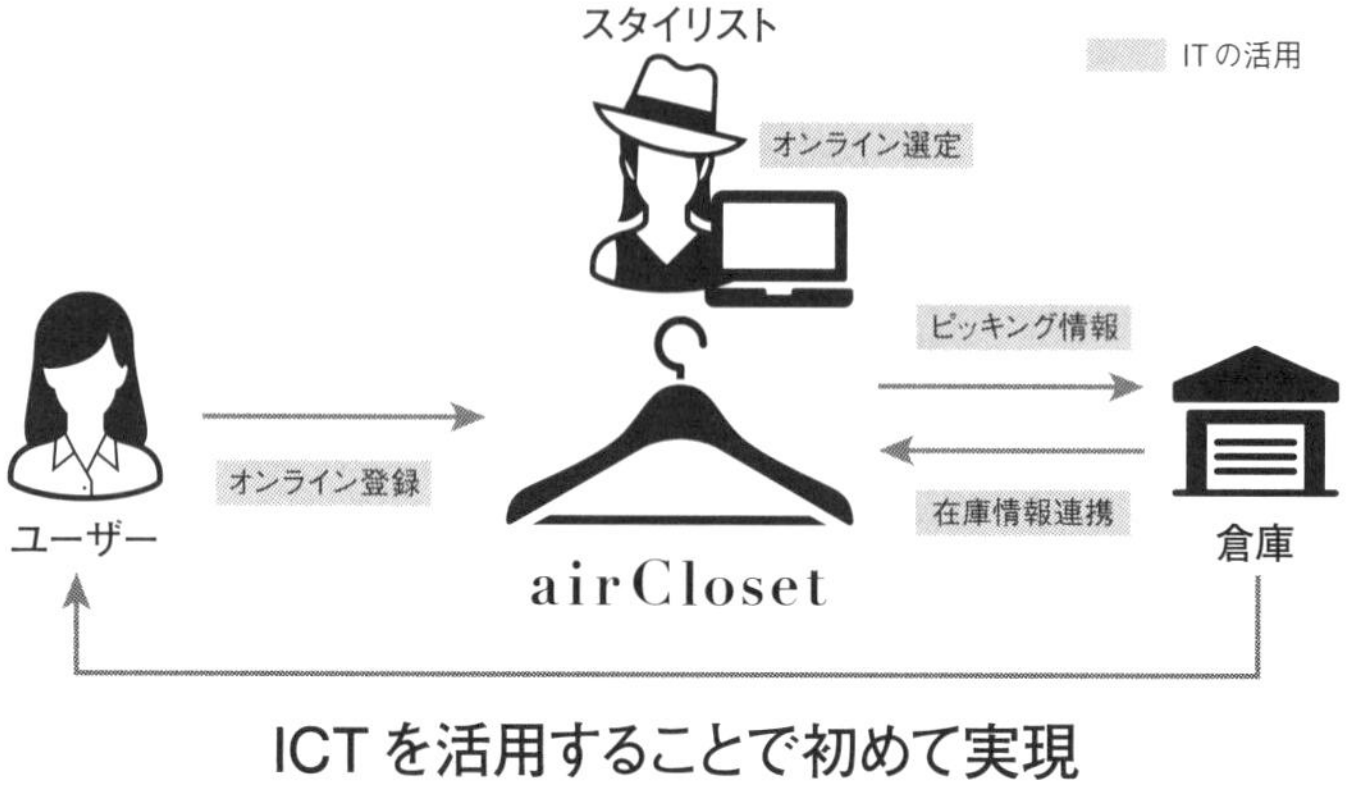

©airCloset,Inc.

情報が自分たちのところに全部集まるようになっています（図1）。

　このほかにも、ITを使ったデータの活用があります。サイズ、貸し出したお洋服の着心地、素材、色味……そういったことに関するお客様からのフィードバックを分析して、個人個人の趣味嗜好を理解する。あるいはそれらに横串を通してトレンドを把握する。そういうことを、社長室のデータサイエンティストチームがAIを駆使して行っています（図2）。

　こういったITの活用は、「自社だけでなく、アパレル業界全体にとっても意義がある」というのが私たちの意見です。現在、日本国内では、毎年約六〇億着のお洋服が販売され、そのうち約三〇億着が廃棄処分となっています。データを収集・分析して、

図2

消費者データの解析・活用

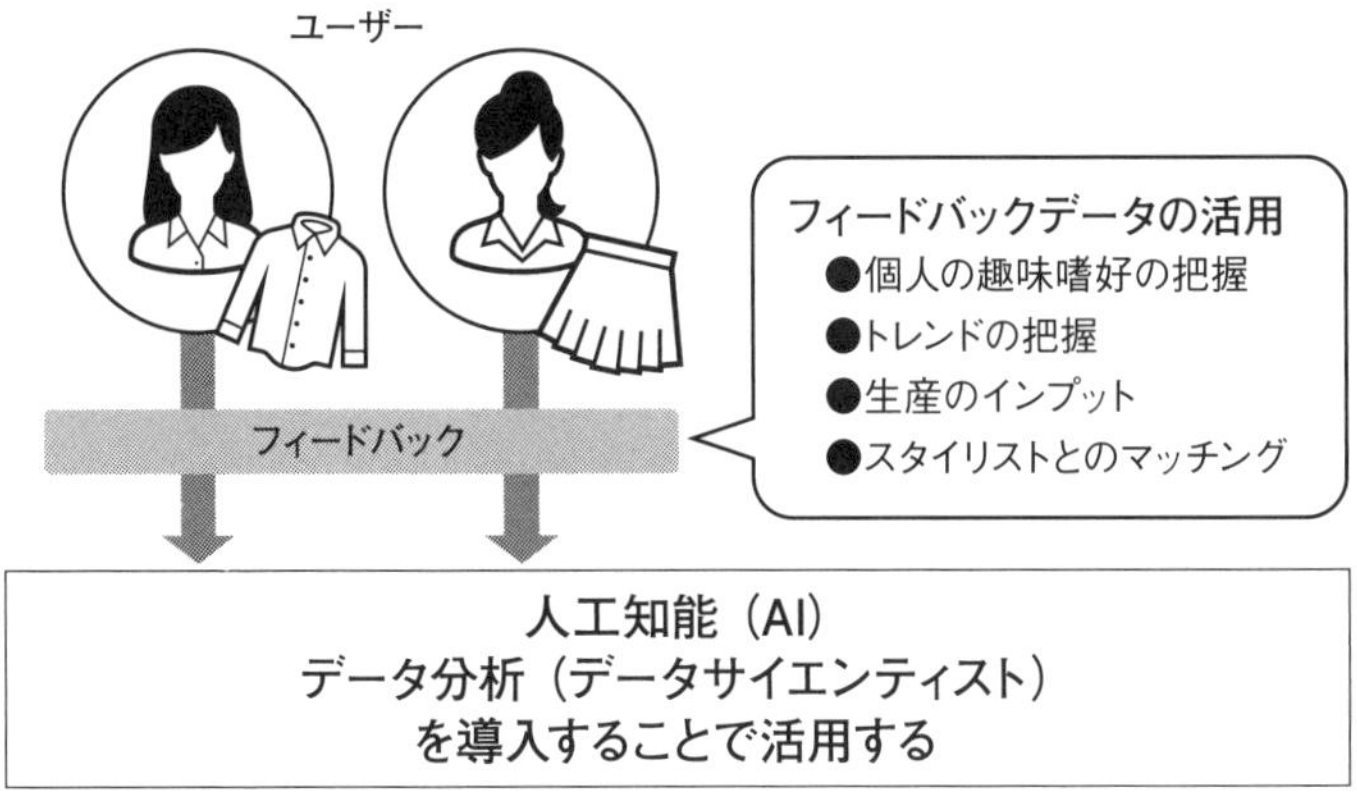

お客様が本当に望むものをつくれるようになれば、もしかしたら廃棄されるお洋服を二〇億着に減らせるかもしれません。そうしたら、日本経済にも地球環境にも大きなインパクトを与えることができます。

それから、お客様からのフィードバックは、当社ではスタイリストの評価にも利用しています。このスタイリストはこのお客様に合っていたかどうか、客観的に把握できるアルゴリズムの開発もすでに視野に入れています。

データや数字を駆使する

当社は創業時からＢＩ（Business Intelligence）ツールを採用し、ＫＰＩ（key performance indicator：重要業績評価指数）管

理を徹底しています。これは、スタートアップ企業ではかなり珍しいのではないでしょうか。

きっかけはスタイリストとの会話でした。彼女たちは「なんかいいじゃないですか」と非常に感覚的に話をするのですが、私はファッションの専門家ではないので、そういわれてもよくわかりません。お互いがお互いを正確に理解するためには、やはり数字で話したほうがいいということで、KPIを導入して仕組みをつくるようにしたのです。

また、「スピード感も重要」という考えから、ソフトウェアは内製が基本です。そのため、社員の三分の一がエンジニアです。たとえば、お客様から要望があって、UIを変更することにしたなら、数日後ではなく当日にできたほうがいい。なぜなら、当社はUXを中心に考える会社だからです。それは決裁にも当てはまります。打ち合わせ中に電話がかかってきて、その場で決裁するということも、日常的に行われています。こういった圧倒的なスピード感は、当社の文化なのです。

また、当社は「ファッションレンタル」というサービス形態をとっていますが、中心にあるのは「パーソナルスタイリング」という概念です。

スタイリストは、現在一五〇名以上が在籍しており、クラウドソーシングの形でコーディネートを行ってもらっています。スタイリストの中には、昼間の空いている三時間だけ「エアークローゼット」の仕事をする人もいるし、自宅で働くマタニティ休暇中の人もいます。クラウドソーシングの特性を活かして、アメリカ、イギリス、デンマークといった海外に在住している方にも仕事をお願いしています。

様々なコラボのかたち

レンタルという形態は、メーカー様から歓迎されないように思われがちですが、そんなことはありません。「エアークローゼット」のサービスは、お客様とブランドとの出会いの場です。私たちがお洋服を選び提供することで、お客様はそれまでまったく縁のなかったブランドを知り、ときにはそれが購買意欲につながることもあります。私たちは複数のブランドをプラットフォーム化して、お客様がなるべく多くのブランドと出会えるようにしており、それはブランドの認知度を上げることにもつながります。メーカー様もこのことをよく理解しているので、仲が悪くはないのです。

もともと「エアークローゼット」という名称には、「一生がんばっても集められないくらいのお洋服が入っている仮想のクローゼット」という意味が込められています。だから、最初から三〇〇以上のブランドと交渉して、一社一社と直接契約を結びました。同業者の中には、「複数のブランドを取り扱っている」と謳いながら、実態は卸などから大量に買ってきただけというところが少なくありません。これに対し、私たちが目指しているのは、単に経済合理性を追求するだけのビジネスではなく、「業界全体の繁栄と活性化にも寄与したい」という思いがあるので、個々のメーカー様ときちんと話をし、納得してもらった上で扱うようにしているのです。

サービス価値を高めるために、これまで資金調達を四回してきました。ちなみに、資金調達はベンチャーキャピタルや金融機関よりも、シナジーがある、もしくはつくっていきたい社会が近い事業会社からするようにしています。

これまで二度資金を支援していただいた寺田倉庫様とは、当社がＡＰＩを中心とした倉庫システムの開発を手伝うという形で事業提携をしてきました（二〇一八年時点）。私たちがビジネスを始める以前には、「ファッションレンタル」という市場はなく、当然「ファッションレンタル」に特化した倉庫もありませんでした。なので、業務フローもゼロからこちらが書かなければならなかったのです。たとえば、通常のｅコマースでは、個品管理はそれほど難しくはありません。同じ型番のジャケットが一〇〇着あればＩＤは一つで済みます。ところが、レンタルの場合は、履歴やお洋服の状態などが一つひとつ異なるので、全個品に様々なデータを紐づけたＩＤが必要になってきます。だからオペレーションが複雑なのです。

それから、日本最大のクリーニング事業者であるホワイト急便様には、エアークローゼット専用の対応をしていただき、お客様のところから戻ってきたアイテムを、そこで検品したり、クリーニングしたりしていただいています。一方で、当社のほうは、新規のクリーニング需要の創出で業務に貢献しているのです。

クレディセゾン様には、カード決済をお願いしており、今後はマーケティング情報の共有なども進めていく予定です。

このほかにも、私たちは「お客様にワクワク体験が提供できることは、何でもやってみよう」と考えているので、それが実現できる企業なら、業界にかかわらず、積極的に事業提携を行っています。

これまでも資生堂様、ユナイテッドアローズ様、ネスレ様、伊藤園様、ソニー様、P&G様といった企業とコラボをしてきました。変わったところでは、ミュージシャンであるELT（Every Little Thing）の持田香織さんがいます。あるとき、彼女が私たちのサービスに共感してくれていることが伝わってきました。そこで彼女にお願いして、「いつもと違う自分を楽しもう」というメッセージを直筆で書いていただき、それを会員用のボックスにプリントさせていただいたのです。これは会員様にとってワクワクすることですし、持田さんとELTにとってもプロモーションにつながる、まさにウインウインのコラボだといえます。

ほかにも、近畿日本ツーリスト様と組んで、社員旅行向けのファッションレンタルサービスを、別パッケージで行うことも始めています。

それから、ガールズアワードへの出展もあります。当初は「セレクトショップが反対するのでは」という危惧もありましたが、「エアークローゼットの活動はアパレル市場全体の活性化を目指している」という点が認められ、ステージをやらせていただくことができました。

ファッションレンタルショップの「エアークローゼット×エイブル」も、エイブル様の考えている未来価値が当社と非常に近いということで実現したコラボです。

お客様からの反応が励み

多くのスタートアップ企業の例に漏れず、当社も広告宣伝にかけられるだけの十分な資金がありませんでした。そんな私たちが認知度を高めるために頼りにしたのが、お客様の声です。サービスを利用して価値を感じてくれたお客様の声が伝わって、「じゃあ自分も利用してみよう」という人が出てくる。この連鎖が起こればいいと考えました。

それから、新聞や雑誌の記事も、一般の人たちが私たちのサービスを知るきっかけになります。それで、バラエティ以外の取材は極力受けるようにしました。とりわけうれしかったのは、日本経済新聞が「ミレニアム世代が仕掛ける注目のシェアビジネス」というテーマで、一面で取り上げていただいたことです。同時に、「注目されているのだから、しっかりサービスをつくっていこう」と、あらためて自分たちの覚悟を問い直すきっかけにもなりました。

グッドデザイン賞の受賞も別の意味でたいへんうれしく思いました。というのも、受賞の対象となったのが、ボックスのデザインやＵＩではなく、「エアークローゼット」のビジネスモデルそのものだったからです。

ただ、やはりお客様の声に勝るものはありません。「みんなにいつもオシャレだねっていわれています」「三着のうち二着は自分では絶対選ばないお洋服なので、ワクワクしています」「似合っているかどうかわからないけど、気分は最高」……SNSで発信されるそんなお客様の発言が、最も効果的なPRだと思っています。また、そういうものを読むと、ファッションにはものすごい力があるのだということを、改めて思い知らされます。

「素敵なお洋服の手配、ありがとうございました」といったスタイリスト宛ての手紙が入っていることも少なくありません。対面と違って、インターネットサービスでは、お客様の顔を直接見ることはできません。でも、お客様の心に届くサービスができれば、自然とコミュニケーションは生まれるのです。

その他の事業

「エアークローゼット」以外の事業においても、私たちは「ファッションとの出会い体験を創出する」という概念を、必ず軸にもってきています。

ファッションレンタルショップの「エアークローゼット×エイブル」は、エイブルの平田竜史社長との最初の出会いで、「お互いが目指している未来が一致している」ということがわかって意気投合し、わずか半年後にスタートした事業です。私自身は当初、「このプロジェクトが動き出すまで、優に三年ぐらいはかかるのではないか」と考えていました。だから、平田社長のスピード感にはかなり驚かされました。

「エアークローゼット×エイブル」の最大の特徴は、「常駐しているのはスタイリストだけで、販売員がいない」という点です。訪れたお客様は普通のアパレルショップのように、展示してあるお洋服をただ好きに選ぶのではなく、まず、スタイリストと対話し、自分の悩みや希望を伝えます。その上で、コーディネートの提案をスタイリストからしてもらうのです。

もうひとつの事業である「エアクロフィッティング」は、ご登録から試着・購入・返却までを自宅完結型で体験できるファッションECサービスです。ショップでお洋服を買う場合、その場で試着はできても、家にあるお洋服とコーディネートすることはできません。また、そもそも新しいお洋服を購入したくても、忙しくて店に行く時間がないという人もたくさんいます。そこで、「そういう方たちが、自宅で試着して買い物までできるようにしてあげたら、どうだろう」と考え、生まれたのが「エアクロフィッティング」です。

専用アプリでサービス登録から、体型などの基礎情報やファッションに関する好み・お悩みなどをカルテに入力していただき、数日後にスタイリストが選んだお洋服五点がご自宅へ届きます。それを試着して気に入ったものだけを購入するというのが「エアクロフィッティング」の仕組みです。

今後の事業展開

現在、「エアークローゼット」は、レディースアパレルに注力していますが、いずれはメンズ、シニア、キッズ、マタニティなどにも広げていきたいと考えています。

それから、事業の海外進出も視野に入れており、とりわけ東南アジアには、日本のファッション文化を届けたいと強く思っています。当社で創業時から実施している、社員全員がニックネームで呼び合う「ニックネーム制」は、まさに将来のグローバル展開を見越しての制度です。ニックネームならお互いの母語に関係なく呼び合えるからです。また、当社のサービスはクラウドソーシングなので、海外のお客様であっても日本のスタイリストが直接スタイリングすることができるのです。

私たちが提供する価値について

私たちが提供する価値について、もう少し補足させていただきます。

「キュレーション　プラス　セレンディピティ」

まだ「エアークローゼット」を立ち上げる前、カフェで他の創業メンバーと、これからどんな事業を始めようか話し合っていたとき、私がペーパーナプキンに書いたのがこの言葉です。

世の中に流通するモノや情報の量は、日々増え続けています。しかしながら、一日は相変わらず二四時間のままです。すべてのモノや情報にアクセスすることは、もはや誰にもできません。だから、何とどうやって出会うかが重要になってきます。グーグルやフェイスブックが急成長したのは、「価値ある情報との出会い」を提供するビジネスだからだといっていいでしょう。

私は、モノでも同じことができるのではないかと考えました。洪水のようにあふれるモノの中から、その人にとって本当に価値のあるアイテムを選んで紹介することができれば、それは大きなビジネスになるはずです。

中でもお洋服は、新しい出会いが難しいモノのひとつだといえます。購入するためにはショップに行かなければならない。その時間を捻出するのが忙しい現代人には、まずひと苦労です。その上、「自分に合うのはこのブランド」「この色味は似合わない」というように、一度思い込むとなかなかその枠から出られない。とくに三〇代や四〇代になると、それが固定観念として定着してしまうため、新たな出会いのチャンスはますます少なくなります。

実際、私たちが一五〇〇名の人たちにアンケートをとってみたところ、一年間で出会う新しいブランド数でいちばん多い回答は四つ。つまり、大半の人は新しいブランドとほとんど出会えていないのです。ということは、出会いの場を提供できれば、そのこと自体が価値になるといえます。そこから、「スタイリストのような信頼できる第三者が手伝って、ファッションとの出会いをつくる」というアイデアが生まれたのです。

ただし、それをアナログでやっていたら、大きな変化は起こせないでしょう。これからはファッション業界も、収集したデータをベースに顧客の消費行動を予測し、そこから事業の最適化を図っていかなければならないのは明らかです。

しかし、現在のファッション業界では、ＩＴはまだまだツールとしか認識されていません。ＩＴを理解すれば、それは単なるツールではなく、武器として利用すべきということがわかるはずです。今後はその理解の度合いが事業の成功のカギを握るような気がします。

私は二〇一七年、変革期を迎えた国内ファッション産業を、ＩＣＴや最新のデジタルテクノロジーを活用して変えていく人材を育成することを目的として設立された、東京ファッションテクノロジーラボ（ＴＦＬ）というファッションスクールの理事に就任しました。こういう活動を通じてＩＴを武器として使える人材をファッション業界に、ひとりでも多く育てていきたいと考えています。

シェアリングエコノミーで重要なこと

「エアークローゼットのようなシェアリングエコノミーのビジネスは、人々の購買活動を破壊する」という声を耳にすることがあります。

現在、シェアリングエコノミーは空間、時間、スキルのシェアなど、いろいろな分野で行われており、正しいエコノミーのつくり方も各分野で異なるため、ひとくくりで語ることはできません。

私たちの事業のようなモノのシェアリングエコノミーに関していうなら、単に「いいモノを共有する」という考え方では、結果的に消費が制限されるだけで、大きな発展は期待できないでしょう。重要なのは、「モノのつくり手が価値を感じる仕組みになっているかどうか」なのです。「エアークローゼット」では、メーカーにもデータやお金で生じた利益が還元されるようにしています。そうすることで継続的にいいものがつくり出される。そうでないと、お客様に出会いの機会を提供したくても、できなくなってしまいます。

経営者としては、そのほかに、サービスの提供先をマスからよりパーソナルな方向にシフトしていこうと考えています。とくに私が注目しているのは、パーソナルな時間価値です。これからはAIの発達によって働く時間が短くなっていくでしょう。そうすると人間が人間として生きるための時間の価値が高まっていくはずです。ゆえに、私たちのサービスもそれに貢献するものでなければならないと思っています。

たとえば、コーディネートは、将来自宅の3Dプリンタでお洋服がつくれるようになったとしても、価値として絶対に残る。だから、その人にどんなお洋服が似合うのかというコーディネートは、今後も価値として提供し続けていきます。

といっても、私も経営者としては、まだまだ駆け出しです。また、ビジネスを取り巻く環境もこれからどんどん変わっていきます。だから、「現状に満足することなく、改善を重ね、常に今よりいいものを目指していかなければならない」と思っています。あのウォルト・ディズニーが「ディズニーランドは、人々にクリエイティビティがあるかぎり、完成しない」といっているように、提供するサービスは常に徹底的に改善し進化させなければなりません。そして、経営者はそれを実現できる組織をつくれなければならないのです。

まだみんなが気づいていない社会的な課題を見つけて、その解決策を具現化する人を「起業家」といいます。ただ、具現化するというのは、いってみれば「今、何時か」という時間を示すことです。私はさらに一歩進んで、時を刻む時計そのものをつくれる経営者になりたいと思っています。

今はまだインターンを含めて八〇名程度の小さな会社ですが、その一人ひとりが「エアークローゼット」「エアークローゼット×エイブル」「エアクロフィッティング」という当社のサービスをもっとよくしようと三六五日、二四時間真剣に考えているので、これからもっともっと進化して、もっとワクワクするお洋服との出会いをお客様に届けられるようになれると信じています。

（二〇一八年三月三日「ATAMI せかいえ」にて収録）

パート2

中国ニューエコノミー編

第一章 大前研一
（株式会社ビジネス・ブレークスルー 代表取締役会長、
ビジネス・ブレークスルー大学 学長）

第二章 パク・ジュンソン
（レジェンド・キャピタル パートナー、マネージングディレクター）

第三章 森川 亮
（C Channel株式会社 代表取締役社長）

第一章

中国ニューエコノミーの衝撃

大前研一

今、中国で何が起こっているのか？

今、中国では、市場と技術が融合し、新しい製品やサービスが次々と生み出される「ニューエコノミー」が、政府の主導により拡大している。

なぜ中国では、このようなことが可能なのか。その最大の理由として、「規制がない」という点が挙げられる。

たとえば、日本では、アメリカから民泊サービスのエアビーアンドビー（Airbnb）が入ってきても、すぐに住宅宿泊事業法（民泊新法）が施行されて、事業が前に進まなくなる。同様に自動車配車サービスを行うウーバー（Uber）も、日本では第二種免許（バス、タクシー、ハイヤー、民間救急車など旅客を運ぶ目的で旅客自動車を運転する際に必要となる運転免許）が壁となり、思うように普及していない。

ところが、中国ではそのような規制がないのだ。

今後、世界で主流となる自動運転車の開発も、日本では規制が厳しくて、実験ができる場所が非常に少ない。実は、自動運転とは、レベル４（特定の場所でシステムがすべてを操作すること）以上になると、ある程度事故が起こってくれないと、システムが賢くならないのである。

しかし、日本は、東日本大震災で福島第一原発が事故を起こしたら、国内すべての原子炉を止めないと、国民が納得しない国である。そのため、事故に対しては、ことのほか慎重だ。実はこれが自動運転車開発の足かせとなっているのだ。

一方、中国には、たとえ開発中の自動運転車であっても、市長や省長が認めさえすれば、地域内の公道を堂々と走ることができるという大らかさがある。

そんな中国は、政府主導で「世界の工場」から「創新（イノベーション）経済」へ、そしてオールドエコノミーからニューエコノミーへ、経済モデルの転換を図っているのだ。

しかも、上海や深圳に代表される沿岸部だけでなく、内陸部も含む全国の都市が、それぞれの得意分野でイノベーションを競っており、あらゆる産業がニューエコノミーへシフトしているのである。

このようにして誕生しつつある中国スタートアップ企業に強い影響を与えているのが、「ＢＡＴ」と呼ばれている大手ＩＴ企業のバイドゥ（Baidu 百度）、アリババ（Alibaba 阿里巴巴）、テンセント（Tencent 騰訊）の三社だ。彼らが自社の経済圏に引き入れようと、有望なスタートアップ企業に巨額の投資を行っていることが、中国ユニコーン企業の企業価値が急速に高まっている要因のひとつになっている。

また、次世代のニューエコノミーを担う存在として、「ＴＭＤ」と称されるトウティアオ（Toutiao 今日頭条）、メイトゥアン・ディエンピン（Meituan Dianping 美団点評）、ディディ（Didi Chuxing 滴滴出行）にも注目が集まっている。

中国で起こっているニューエコノミーでは、「自動車」「シェアリング」「小売り」「ロボティクス」「生活サービス」といった分野で、とくに新しいサービスの台頭が著しい。

米中貿易戦争など短期的なリスクはあるものの、長期的には、中国のニューエコノミーが経済の世界で、世界のトップを走る可能性は十分にあるといっていいだろう。

なお、「中国がアメリカ人の職を奪っている」というドナルド・トランプ米大統領の発言は、まったくの的外れだ。たしかに米中間に貿易不均衡は存在するが、貿易不均衡とは一九世紀の概念であって、現在では知的付加価値を付けた会社が勝つのである。そう思って世界の企業の時価総額を見ると、上位一〇社のうち八社はアメリカの会社なのだ。つまり、アメリカが中国に対して腹を立てる理由はないのである。

また、一九八〇年代の日米貿易戦争時代の日本企業のように、アメリカに乗り込んでマーケティングの組織や研究開発拠点までつくり、自社ブランド商品を売りまくって、市場からアメリカ企業を駆逐しているような会社は、今の中国企業の中にはひとつもない。アメリカで中国からの輸入が多いのも、アメリカでは人手が足りないから中国で生産し、それを輸入しているからなのだ。「中国から輸入を止めて iPhone をアメリカ国内でつくれるか」といったら、できるはずがない。私にいわせれば、トランプ大統領は経済をまったくわかっていないのだ。

それでは、日本のニューエコノミーはどうかというと、残念ながら中国にかなり後れをとっているといわざるを得ない。この厳しい現実を直視し、中国発のニューエコノミーをいかに取り込

図1

中国経済の成長率

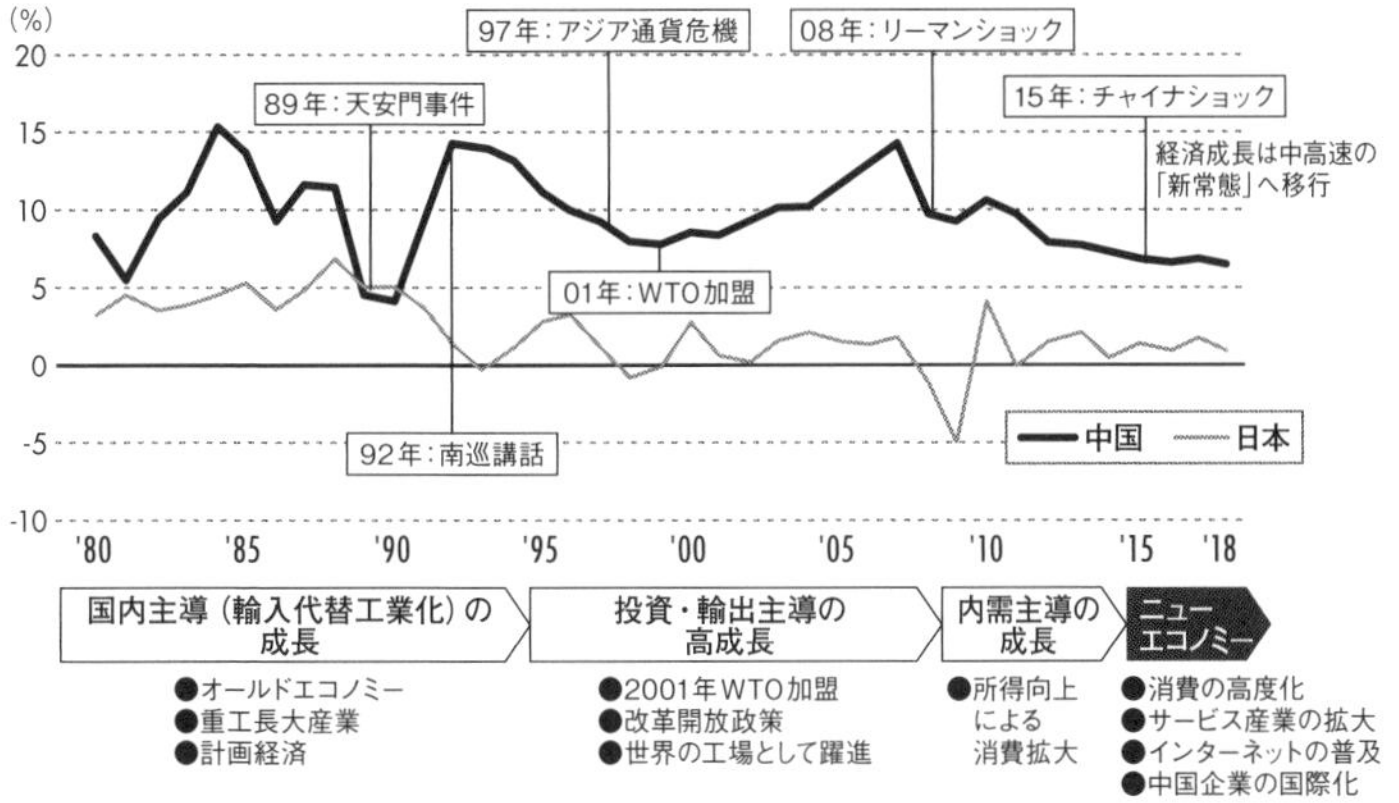

資料：IMF「World Economic Outlook Database, October2018」©BBT大学総合研究所

むかが、今後の日本企業の課題だといっていいだろう。

中国経済発展の推移

二〇一〇年以降の中国のGDP成長率を見ると、ほぼ六〜八％で推移している（図1）。

一九九五年頃までは、国内主導の重厚長大産業が中心の、いわゆるオールドエコノミーが経済をけん引していた。

二〇〇一年に世界貿易機関（WTO）に加盟が認められると、大量の安価な労働力を背景に「世界の工場」となり、投資・輸出主導の高成長期に入る。

二〇一〇年ごろからは、国民の所得向上により、消費が拡大し、内需主導で成長していく。

図2

中国で拡大する「ニューエコノミー市場」

ニューエコノミー市場*とは？

*ニューエコノミーの市場規模は17年で約450兆円、GDPの32.9%を占めると推定されている

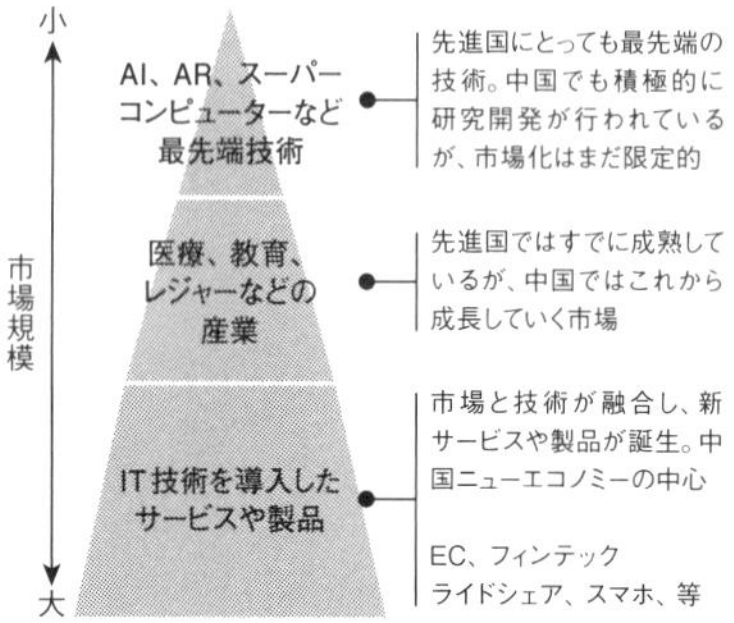
小
大
市場規模
AI、AR、スーパーコンピューターなど最先端技術
先進国にとっても最先端の技術。中国でも積極的に研究開発が行われているが、市場化はまだ限定的
医療、教育、レジャーなどの産業
先進国ではすでに成熟しているが、中国ではこれから成長していく市場
IT技術を導入したサービスや製品
市場と技術が融合し、新サービスや製品が誕生。中国ニューエコノミーの中心
EC、フィンテック
ライドシェア、スマホ、等

中国政府によるニューエコノミーの類型

「三新経済」＝新産業、新業態、新模式（ビジネスモデル）

領域	定義	代表的な事例
新産業	ハイテク産業や新しいサービス業など、新しい技術を利用したこれまでにない経済活動	クラウドコンピューティング ビッグデータ IoT、3Dプリンタ EC、フィンテック等
新業態	新しい技術を利用し、多様化する製品・サービス需要に順応する業態	コネクテッドカー シェア自転車 クラウドソーシング 創業支援　等
新ビジネスモデル	企業の内外の生産要素を統合・再編した高効率で競争力のある独特なビジネスモデル	ネット決済 ネット資産管理 SNS、ネットゲーム 音楽・映像配信 大型ショッピングセンター

資料：日本政策投資銀行「拡大する中国のニューエコノミー」、ほかより作成 ©BBT大学総合研究所

そして、二〇一五年ごろからは、消費の高度化、サービス産業の拡大、インターネットの普及、中国企業の国際化などが始まり、現在のニューエコノミーに突入するのである。

拡大する中国のニューエコノミー市場

日本政策投資銀行の資料によれば、二〇一七年の中国におけるニューエコノミーの市場規模は約四五〇兆円と推定される。これは中国のGDPの三二・九％を占める規模だ（図2左）。

この市場を具体的に見てみると、まず「AI（人工知能）」「AR（拡張現実）」「スーパーコンピュータ」といった最先端技

術がある。この分野は、先進国間で開発競争が行われており、中国も積極的に研究開発を行っているが、市場化はまだ限定的だ。

次に、「医療」「教育」「レジャー」などの分野は、先進国ではすでに成熟しているが、中国ではこれから成長していく市場である。

そして、もうひとつが、ＩＴ技術を導入したサービスや製品である。ＥＣ（電子商取引）、フィンテック、ライドシェア、スマートフォンなど、市場と技術が融合し、新たなサービスや製品が続々と誕生している。この分野は、まさに中国ニューエコノミーの中心といえる。

中国政府が定義する「三新経済」とは

また、中国政府は、ニューエコノミーを「新産業」「新業態」「新模式（ビジネスモデル）」の三つの形態に分類して、これを「三新経済」と呼んでいる（図2右）。

1.「新産業」

ハイテク産業や新しいサービス業など、新技術を利用したこれまでにない経済活動のことである。クラウドコンピューティング、ビッグデータ、ＩｏＴ（Internet of Things）、３Ｄプリンタ、

EC、フィンテックなどの領域がこれにあたる。

2.「新業態」

新技術を利用し、多様化する製品やサービス需要に順応する業態である。コネクテッドカー、シェア自転車、クラウドソーシング、創業支援などを指す。

3.「新模式（ビジネスモデル）」

企業の内外の生産要素を統合・再編した高効率で競争力のある独特のビジネスモデルを指す。ネット決済、ネット資産管理、SNS、ネットゲーム、音楽・映像配信、大型ショッピングセンターなどである。

ニューエコノミーの担い手であるユニコーン企業が爆発的に増加中

中国ニューエコノミーの担い手となっているのが、「ユニコーン企業」と呼ばれている評価額が一〇億ドル以上で未上場のスタートアップ企業だ。国別企業数ランキングで、中国はアメリ

図3

中国のニューエコノミーの担い手はユニコーン企業

国別/ユニコーン企業数ランキング

全305社/19年1月9日時点

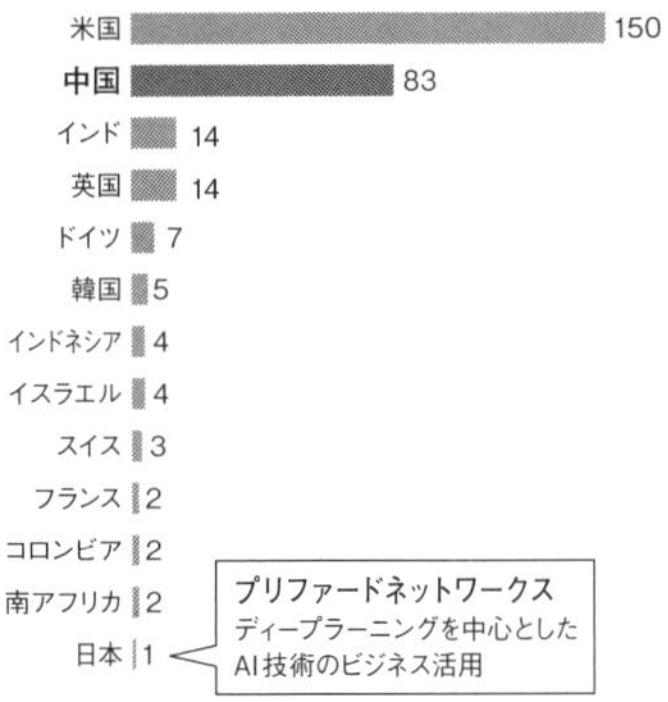

中国のユニコーン企業（上位10社）

順位（全体）	企業名	推定時価総額（億$）	事業内容
1（1）	Toutiao/ByteDance（今日頭条）	750	ニュースアプリ・動画SNS
2（3）	Didi Chuxing（滴滴出行）	720	配車サービス
3（9）	Lufax（陸金所）	185	P2P融資
4（13）	Bitmain（比特大陸）	120	ビットコインマイニング
5（19）	DJI（大疆創新科技）	100	商業用ドローン
6（27）	Guazi（瓜子）	66	EC（中古車）
7（29）	Manbang（満幇）	60	トラック配車サービス
8（30）	Lianjia（鏈家）	58	EC（不動産仲介）
9（32）	EasyHome（居然之家）	57	家具販売
10（39）	UBTECH（優必選）	50	ロボット

資料：CB Insights ©BBT大学総合研究所

カの一五〇社に次ぐ八三社で世界第二位となっている（図3左）。ちなみに日本のユニコーン企業はプリファードネットワークス一社と、実に情けない状況だ。

では、中国のユニコーン企業には、どんな会社が名を連ねているのか。上位一〇社の顔触れを見てみよう（図3右）。

トップのバイトダンス（ByteDance 字節跳動）は、ニュースアプリや動画SNS事業を行う会社である。日本の若者の間で人気の動画共有サービス「TikTok」もここが運営している。

第二位のディディ（Didi Chuxing 滴滴出行）は、配車サービス事業。

第三位のルーファックス（Lufax 陸金所）は、P2P融資（Person to Person 融資）、すなわちお金を貸したい個人とお金を借り

図4

中国政府が推進する「中国製造2025」と「AI2030」

「中国製造2025」の3ステップ

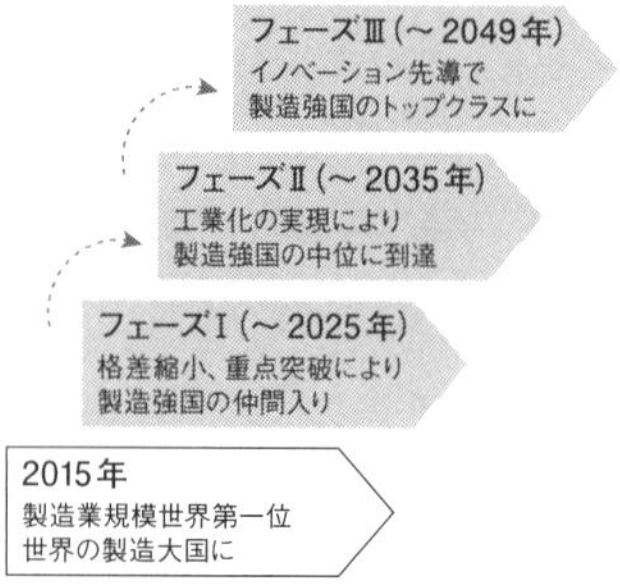

10年間における製造業のロードマップである「中国製造2025」により、「世界の工場」から「創新大国」へ産業構造を転換

中国政府が目指す「AI2030*」の市場規模
*AIを経済成長の重要な推進力とするプロジェクト

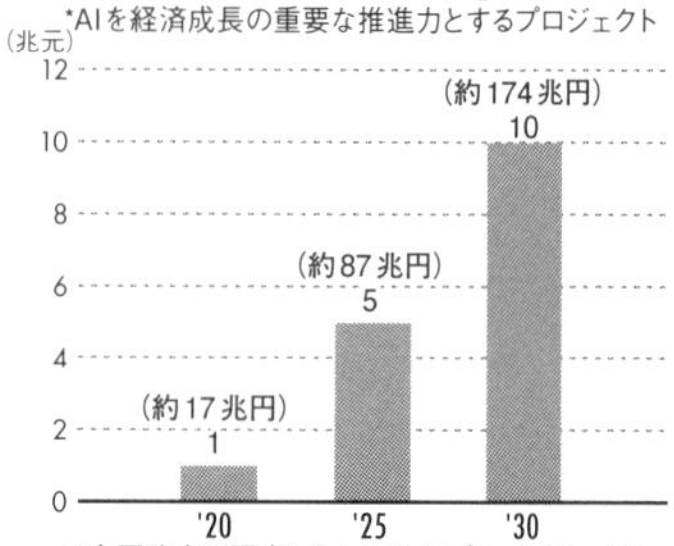

<中国政府が認定した4つのAIプラットフォーム>

企業	プラットフォーム	主力分野
バイドゥ	自動運転国家AI開放・革新プラットフォーム	自動運転
アリババ	都市ブレーン国家AI開放・革新プラットフォーム	スマートシティ
テンセント	医療イメージング国家AI開放・革新プラットフォーム	医療応用
アイフライテック	スマート音声国家AI開放・革新プラットフォーラム	音声認識

資料：中国国務院 ©BBT大学総合研究所

たい個人をインターネットを介して結びつける金融サービスを行っている会社だ。中国で「銀行」といえば、農業銀行や建設銀行といった国策銀行を指し、日本のように一般の個人に融資してくれるような銀行は、中国にはない。そこでP2P融資の需要が高いのである。

産業の高度化を狙う「中国製造2025」

中国政府は、二〇一五年に、「世界の工場」から一〇年かけて「創新大国」へ産業構造の転換を図るためのロードマップ「中国製造2025」を発表した。その内容は以下のとおりである（図4左）。

フェーズⅠでは、二〇二五年までに格差

縮小、重点突破で、製造強国の仲間入りをする。

フェーズⅡでは、二〇三五年までに工業化を実現して、製造強国の中位に到達する。

フェーズⅢでは、二〇四九年までにイノベーション先導で製造強国のトップクラスになる。

また、以下の「9大戦略目標」と「5大プロジェクト」も掲げている。

1．9大戦略目標

①国家製造業イノベーション能力の向上
②情報化・工業化融合の深化（スマート製造）
③製造業分野の基礎技術強化
④グリーン製造の全面推進
⑤10大重点産業分野の革新的発展
⑥品質・ブランド構築の強化
⑦製造業構造の調整深化
⑧サービス型製造と生産型サービス業の振興
⑨製造業の国際化水準引き上げ

2. 5大プロジェクト

①工業基礎力強化プロジェクト
②製造業イノベーションセンター設立プロジェクト
③スマート製造プロジェクト
④グリーン製造プロジェクト
⑤ハイエンド設備イノベーションプロジェクト

この「中国製造2025」を快く思っていないアメリカは、ファーウェイ（Huawei 華為）を輸出規制リストに入れた。アメリカの覇権を維持するために、輸出規制によって同社の5GやAI、IoTなどの研究開発に打撃を与えるのが目的なのは明らかだ。

ファーウェイ製品には、マルウェア（不正かつ有害に動作させる意図で作成された悪意のあるソフトウェアや悪質なコードの総称）やウィルスが仕組まれていて、情報を中国政府に抜き取られる恐れがあるというのが、アメリカがファーウェイを締め出した理由である。イギリスやドイツは「その証拠は認められない」といっているが、エチオピアに拠点を置くアフリカ連合（AU）では、五年間にわたりファーウェイ製品を介してデータが中国に送られていたという事実が明らかになっている。

中国では、政府の要請に応じて企業が情報を提供するのは当たり前のことで、政府との情報共有を拒むことは許されない。だから、中国発のグローバル企業が生まれにくいのだ。

この問題に関して、ファーウェイは同様にアメリカから制裁を受けているZTE（中興通訊）と合併して、製品の販売先が国内向けと海外向けで会社を分け、海外向けのほうはボードメンバーを多国籍化し、外部の専門家にも監視させるようにするというのが、私の解決策である。

AIを経済成長の推進力とする「AI2030」

中国政府は二〇一七年に、新たな国家戦略として「AI2030」を発表している。これは、AIを経済成長の重要な推進力とするプロジェクトで、二〇三〇年に中国のAI産業を世界トップ水準に引き上げ、市場規模を一〇兆元（約一七四兆円）まで拡大するという目標を掲げている（図4右）。

さらに、四つのプラットフォームを認定し、それぞれ中心となる企業を定めている。

「世界の工場」から「イノベーション」へのモデル転換

中国政府が最初に目指したのは「世界の工場」モデルだ。沿岸部の深圳を中心に経済特区をつくり、安価な働き手となる地方人材をそこに集め、さらに外資企業を誘致して技術導入を図る。

図5

「世界の工場」モデルから「イノベーション」モデルへ

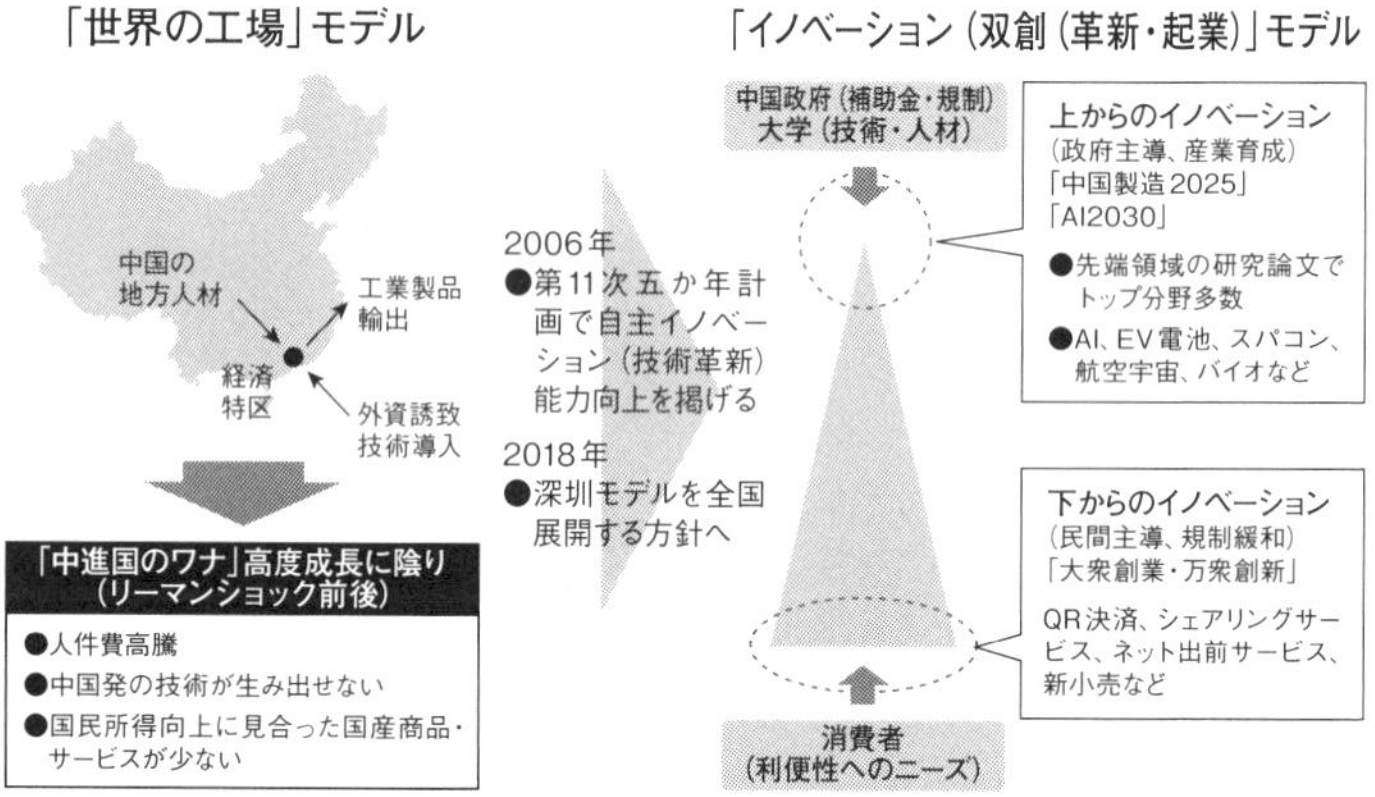

「世界の工場」モデル
中国の地方人材
工業製品輸出
経済特区
外資誘致技術導入
「中進国のワナ」高度成長に陰り（リーマンショック前後）
●人件費高騰
●中国発の技術が生み出せない
●国民所得向上に見合った国産商品・サービスが少ない
2006年
●第11次五か年計画で自主イノベーション（技術革新）能力向上を掲げる
2018年
●深圳モデルを全国展開する方針へ
「イノベーション（双創（革新・起業）」モデル
中国政府（補助金・規制）大学（技術・人材）
上からのイノベーション
（政府主導、産業育成）
「中国製造2025」
「AI2030」
●先端領域の研究論文でトップ分野多数
●AI、EV電池、スパコン、航空宇宙、バイオなど
下からのイノベーション
（民間主導、規制緩和）
「大衆創業・万衆創新」
QR決済、シェアリングサービス、ネット出前サービス、新小売など
消費者
（利便性へのニーズ）

資料：富士通総研、「日本経済新聞」ほか、各種文献をもとに作成 © BBT大学総合研究所

そうしてつくった工業製品を世界中に輸出するのだ（図5左）。このモデルが非常にうまくいったため、中国政府は各地に同じようなモデルを展開していった。

ところが、やがて中国は、人手が足りなくなって人件費が高騰、また自国通貨が高くなって国際競争力が落ちる「中進国のワナ」という現象に見舞われる。メキシコ、韓国、台湾なども、かつてこの「中進国のワナ」に陥った。

ここから抜け出すには、〝高くても売れる〟高付加価値の製品やサービスを、自ら生み出さなければならない。そのためにイノベーションモデルへの方向転換が起こったのである。

中国のイノベーションモデルには、上からと下からの二つがある（図5右）。

図6

中国ニューエコノミーの成長要因と政府の産業政策・コントロール

中国ニューエコノミーの成長要因

要因	内容
巨大な国内市場	国内市場が巨大であるため、「規模の経済」や「ネットワーク外部性」が発揮されやすい ビッグデータの量が大きい
十分なインフラ	物流や通信網を基盤とするネット販売の発展に必要不可欠な、高速道路、電気、通信などの社会インフラが整備されている
起業家を支える環境	豊富な人材 IT や理工系人材が多い 起業やイノベーション意欲も非常に旺盛 潤沢な資金（VC 資金の流入） 政府の支援（資金援助、特区整備など）
産業構造変化のタイミング	経済構造が製造業からサービス業にシフトするタイミングにあり、ニューエコノミーに資金や人材の流入が多い
リープフロッグ	クレジットカードが普及していないためモバイル決済が一気に普及 規制が少ない（ライドシェアの白タク問題、顔認証の個人情報保護）

政府の適切な産業政策・規制のコントロール

EC SNS等	●ネット分野では、外資を規制し、中国企業を保護 ●政府に不都合な情報を統制するため
EV 自動車	●中国国内自動車企業との合弁、技術供与（EV等）を前提として外資規制 ●中国国内EV促進は中国企業のみ補助
金融 スマホ決済	●金融サービスは外資を規制 ●中国企業には資産運用・金融商品サービスへの規制が緩い
AI 顔認証	●中国人の個人情報保護規制がない ●ただし、取得した個人情報データは政府に差し出すことが条件
コンテンツ、ゲームなど	●当初は海外著作権無視のコンテンツサービスを放任、途中から著作権保護に転換 ●当初放任していたゲームを、公序良俗や風紀を乱すとして規制に転換

資料：日本政策投資銀行、「日経ビジネス」、ほかより作成 ©BBT大学総合研究所

上からのイノベーションモデルは、前述した「中国製造2025」や「AI2030」がまさにそうである。政府が主導して「AI」「EV電池」「スパコン」「航空宇宙」「バイオ」といった先端領域で研究論文をたくさん書かせて、トップを取ってしまうのだ。

これに対し、「QR決済」「シェアリングサービス」「ネット出前サービス」「新小売り」のような民間主導のサービスが、下からのイノベーションである。

中国でニューエコノミーが成長した五つの要因

では、中国のニューエコノミーがうまく成長できたのはどうしてか。これには五つ

の要因が考えられる（図6左）。

1. 巨大な国内市場の存在

約一四億人の人口をもつ国内市場が巨大であるため、「規模の経済」や「ネットワークの外部性」が発揮されやすかった。また、「膨大な量のビッグデータが集められる」という点も有利に働いたといえる。

2. 十分なインフラ

物流や通信網を基盤とするネット販売の発展に必要不可欠な高速道路や電気、通信などの社会インフラをこれほど短期間に整備した国は、新興国では中国のほかに見当たらない。

高速道路や高速鉄道もそうだが、私が最も驚いたのは港湾だ。バングラデシュやベトナムだと、二〇トンのコンテナはあっても、港にガントリークレーンがないので、船に積み込むのにかなりの時間を要する。ところが上海、深圳、香港の港には、見たこともない数のガントリークレーンが並んでいるのだ。

3. 起業家を支える環境

ＩＴや理工系の人材が豊富な上に、彼らは起業やイノベーション精神も非常に旺盛である。事業資金も政府の支援のほかに、アメリカのベンチャーキャピタルも投資先を求めて乗り込んできている。

4. 産業構造変化のタイミング

ちょうど経済構造が製造業からサービス業にシフトするタイミングと重なっていて、ニューエコノミーに資金や人材がどんどん入ってきている。

5. リープフロッグ

日本やアメリカのようにクレジットカードが普及していなかったため、邪魔するものがなく、モバイル決済が〝かえる跳び〟で一気に普及した。

政府の適切な産業政策・規制のコントロール

以上の要因に加え、中国政府の適切な産業政策も功を奏している（図6右）。

たとえば、ネット分野では、外資を規制して国内企業を保護している。これは政府に不都合な情報を統制するためでもある。

ＥＶ（電気自動車）に関しても、外資の好きにさせず、中国国内自動車企業との合弁や技術供与を前提としている。

金融サービスも、中国企業なら資産運用や金融商品の開発が比較的自由にできるが、外資の場合は極めて厳しくチェックされる。

ＡＩ顔認証は、日本のような個人情報保護規制がないので、研究開発の進みが早い。また、企業が取得した個人情報データは、政府に差し出すことが条件となっている。

コンテンツサービスは、当初は海外著作権を無視していても当局が厳しく取り締まることはなかったが、これは途中から転換した。当初は放任されていたゲーム制作も、今では「公序良俗や風紀を乱す」ということで、規制の対象になっている。

図7

中国の主なイノベーション都市

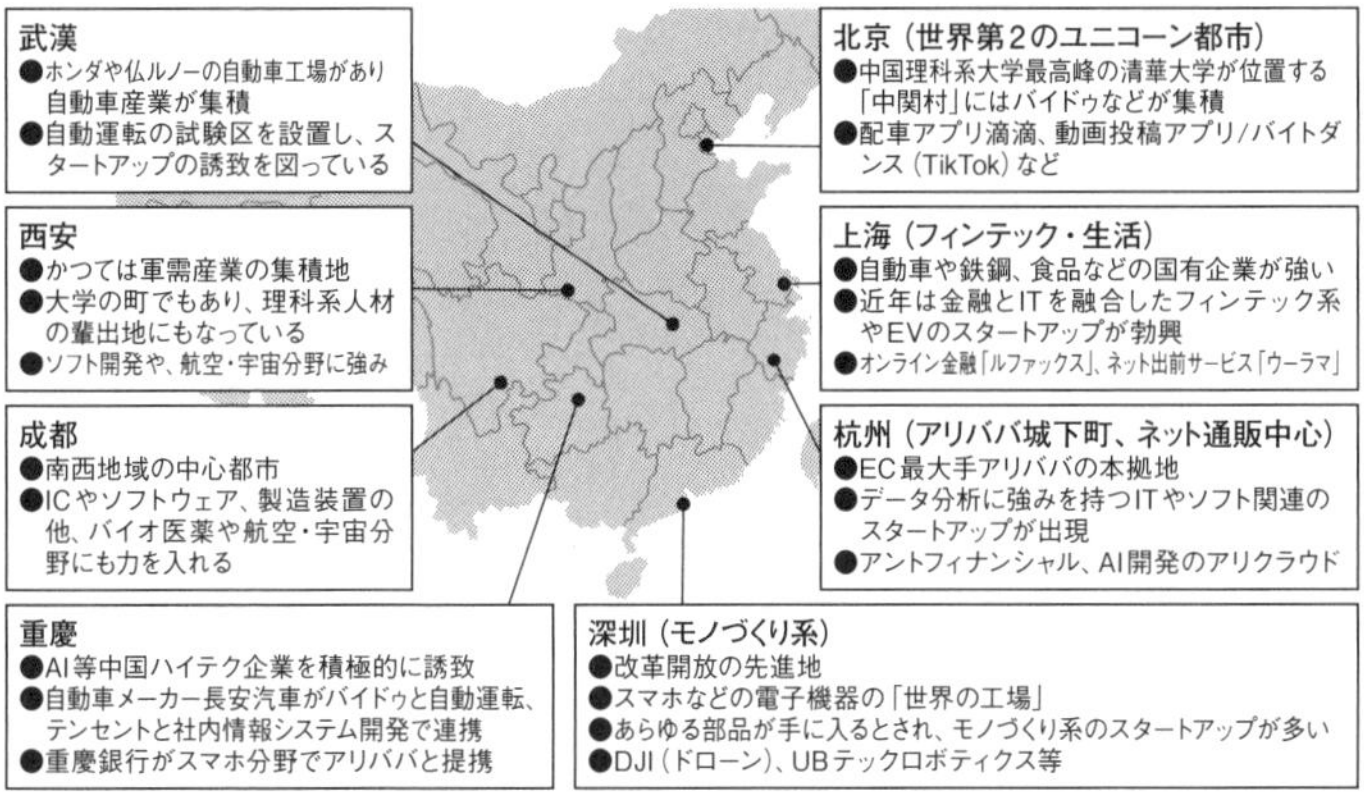

資料：CCC、「大前研一ライブ893 2017/10/29 RTOCS」©BBT大学総合研究所

中国の主なイノベーション都市

図7は、中国国内の主なイノベーション都市である。

〈武漢〉中国内陸部の古い都市だが、現在は自動車産業が集積しており、ホンダやルノーの自動車工場もある。また、自動運転の試験区を設置して、スタートアップ企業の誘致を図っている。

〈西安〉シルクロードの起点であるこの都市は、かつては軍需産業の集積地だった。今は学園都市に変貌し、理科系人材の輩出地となっている。ソフトウェア開発や航空、宇宙分野といったハイテク関連企業も増えている。

〈**成都**〉南西地域の中心都市。ＩＣやソフトウェア、製造装置の工場が多い。台湾の大手ＥＭＳ鴻海《ホンハイ》のiPhone製造工場もここにあり、一〇〇万人の雇用を達成している。バイオ、医薬、航空・宇宙分野にも力を入れている。

〈**重慶**〉揚子江上流の都市。もともとは重工業や化学工業の工場が多かったが、最近ではＡＩなどの国内ハイテク企業を積極的に誘致している。中国自動車大手の長安汽車はここでバイドゥと自動運転、テンセントと社内情報システムの開発をそれぞれ行っている。また、重慶銀行はスマートフォン分野でアリババと提携している。

〈**北京**〉今やシリコンバレーに次ぐ世界第二のユニコーン都市。中国理科系大学の最高峰である清華大学がある中関村は「中国のシリコンバレー」と呼ばれており、ＩＴスタートアップ企業のメッカとなっている。

〈**上海**〉自動車、鉄鋼、食品などの国有企業が強いが、近年はフィンテック系やＥＶのスタートアップ企業が増えている。Ｐ２Ｐのルーファックスや中国最大のネット出前サービスであるウーラマ（Ele.me 餓了麼）などがある。

〈杭州〉ＥＣ最大手アリババの本拠地。データ分析に強みをもつＩＴやソフトウェア関連のスタートアップ企業が増えている。アント・フィナンシャル（Ant Financial Service 螞蟻金服）やアリババクラウド（Alibaba Cloud 阿里雲）もここにある。

〈深圳〉改革開放前は人口三〇万人だったが、四〇年後の現在は人口一四〇〇万人の巨大都市に変貌した。スマートフォンなどの電子機器の「世界の工場」と呼ばれており、あらゆる部品が手に入る。モノづくり系のスタートアップ企業が多い。ドローンのＤＪＩ（大疆創新科技）、ロボットのＵＢテックロボティクス（UBTECH ROBOTICS 優必選科技）、それから中国平安保険（Ping An Insurance）もここを拠点としている。

ユニコーン企業に影響を与えている「ＢＡＴ」三社

中国のＩＴ業界では、バイドゥ、アリババ、テンセントの三社が突出している。

この三社の時価総額は、バイドゥ五五二億ドル、アリババ三五二〇億ドル、テンセント三八〇〇億ドルである。バイドゥは他の二社と比べるとかなり小さいが、その影響力は数字以上に大

図8

中国IT業界で突出する「BAT」3社

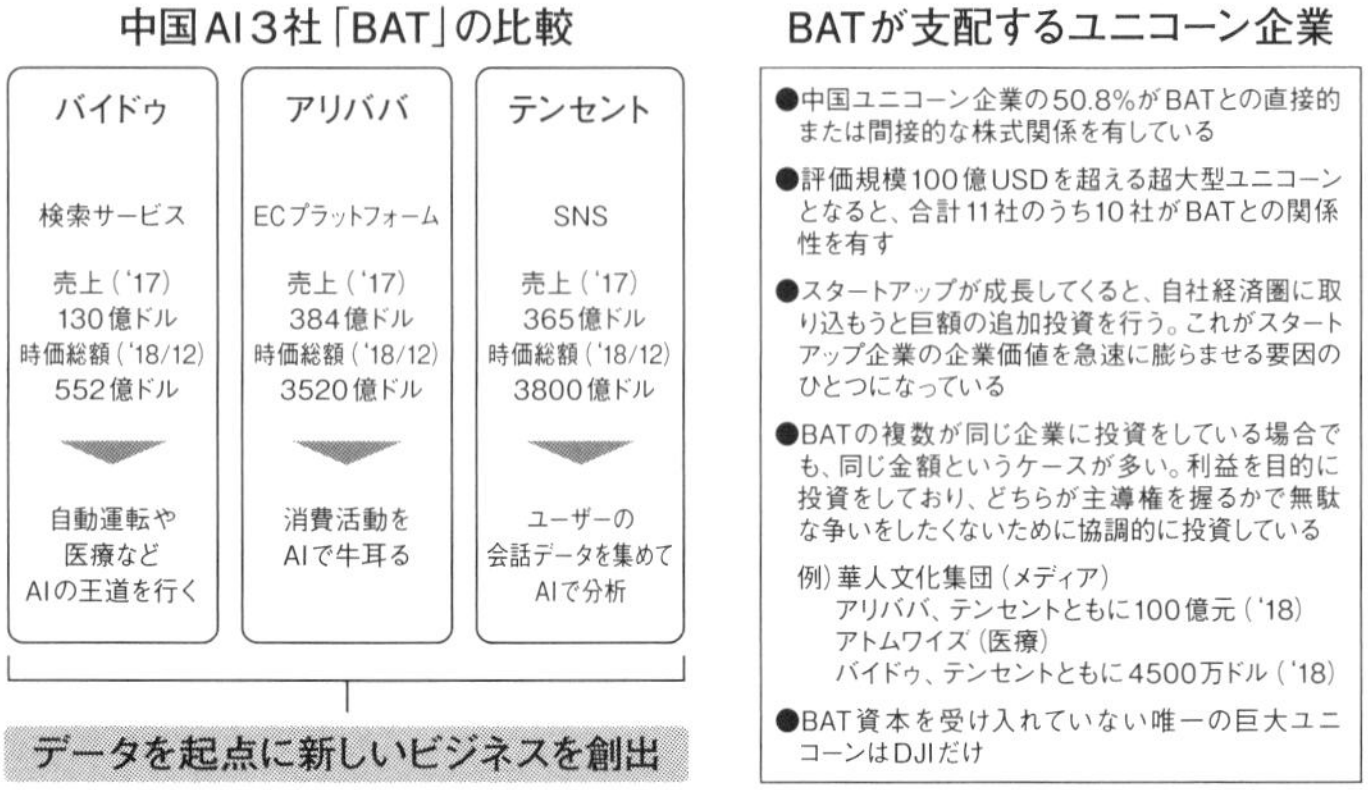

中国AI3社「BAT」の比較
バイドゥ
検索サービス
売上（'17）
130億ドル
時価総額（'18/12）
552億ドル
自動運転や
医療など
AIの王道を行く
アリババ
ECプラットフォーム
売上（'17）
384億ドル
時価総額（'18/12）
3520億ドル
消費活動を
AIで牛耳る
テンセント
SNS
売上（'17）
365億ドル
時価総額（'18/12）
3800億ドル
ユーザーの
会話データを集めて
AIで分析
データを起点に新しいビジネスを創出
BATが支配するユニコーン企業
●中国ユニコーン企業の50.8%がBATとの直接的または間接的な株式関係を有している
●評価規模100億USDを超える超大型ユニコーンとなると、合計11社のうち10社がBATとの関係性を有す
●スタートアップが成長してくると、自社経済圏に取り込もうと巨額の追加投資を行う。これがスタートアップ企業の企業価値を急速に膨らませる要因のひとつになっている
●BATの複数が同じ企業に投資をしている場合でも、同じ金額というケースが多い。利益を目的に投資をしており、どちらが主導権を握るかで無駄な争いをしたくないために協調的に投資している
例）華人文化集団（メディア）
アリババ、テンセントともに100億元（'18）
アトムワイズ（医療）
バイドゥ、テンセントともに4500万ドル（'18）
●BAT資本を受け入れていない唯一の巨大ユニコーンはDJIだけ

資料：日本総研「中国の起業ブームとベンチャーファイナンスの動向」ほかより作成 ©BBT大学総合研究所

きい（図8）。

1．バイドゥ

主要事業は検索サービスである。中国人が日本に来るときは、みな事前にこのバイドゥで観光スポットを検索するという。日本人があまり行かない吉野川の上流付近や北海道の青い池に突然中国人観光客が増えたのは、まさにこのバイドゥ効果なのである。

インバウンド相手の商売をする人はバイドゥをよく研究し、日本に留学に来ている中国人に頼んで情報を発信してもらうといいだろう。

また、バイドゥは自動運転や医療等に関する高度なＡＩ技術の開発も行っており、これらの面でも存在感を増している。

2.アリババ

アリババはもともと工業用製品や部品のB2Bのeコマースを行っていた会社だが、やがて「Tmall」を通じて個人向けのeコマースに進出、今では時価総額が四〇兆円に迫る巨大企業に成長した。

3.テンセント

テンセントは二〇〇〇年代前半に「ウィーチャット（WeChat）」でSNSのトップに立った。その後はオンラインゲームや動画や音楽のコンテンツ配信などにも力を入れている。最近はユーザーの会話データを集めてAIで分析するといったことも手がけている。

このBAT三社はいずれも、豊富な資金を積極的にスタートアップ投資に向けている。その結果、現在では、中国ユニコーン企業の五〇・八％の株式は、BAT三社が直接または間接的に保有している。評価規模が一〇〇億ドルを超える超大型ユニコーン企業一一社のうち実に一〇社がBATの関連企業である。

さらに、投資したスタートアップ企業が成長すると、自社の経済圏に取り込むために、巨額の追加投資を行う。中国でスタートアップ企業の価値が急激に高まるのはこのためだ。

おもしろいのは、BAT三社は「無駄な競争はしたくない」と投資額を競うようなことはしないという点だ。たとえば、メディア企業の華人文化集団にはアリババ、テンセントがともに一〇〇〇億元ずつ投資している。AIを使った創薬を行うアトムワイズ（Atomwise）に対するバイドゥとテンセントの投資額も、ともに四五〇〇万ドルと同額だ。

それから、ドローンのDJIだけは、BATの資本を受け入れていない。

次世代を担う「TMD」

「ネクストBAT」として注目が集まっているのが、トウティアオ（Toutiao 今日頭条）、メイトゥアン・ディエンピン（Meituan-Dianping 美団点評）、ディディ（Didi Chuxing 滴滴出行）のいわゆる「TMD」だ（図9）。

トウティアオは、中国で爆発的な人気を誇る無料のニュース系SNSアプリで、二〇一二年に北京に設立されたバイトダンス（ByteDance）が運営している。国内ユーザーは七億人いて、デイリーアクティブユーザーは六八〇〇万人。読者の嗜好や好みを蓄積したデータベースを活用

図9

BATの次世代を狙う「TMD」

Toutiao/今日頭条
（Bytedance）

2012年設立/北京/陳 林（CEO）

中国語でヘッドラインを意味する Toutiaoは、中国で爆発的な人気を博しているニュースアグリゲーションアプリ

国内で7億人のユーザーと6800万のデイリーアクティブユーザーを誇る

読者の嗜好や好みを蓄積したデータベースを活用してサービスを的確にカスタマイズし、クリック数を獲得している

Meituan-Dianping
（美団点評）

2015年合併/北京/王 興（CEO）

グループ購入eコマースプラットフォーム大手2社のMeituan（美団）と Dianping（大衆点評）は2015年10月に合併し、Meituan-Dianping（美団-大衆点評 → 新美大）が誕生

1億5000万人の月間アクティブユーザーが日々 1000万件ほどの注文

アリババやテンセントに追随し、オンライン金融サービスのローンチを発表

Didi Chuxing
（滴滴出行）

2012年設立/北京/程 維（CEO）
柳 青（総裁）

中国最大のライドシェアサービス

約5億5000万人のユーザー数を誇り、タクシーなどの配車サービスをはじめシェア自転車、出前サービスなど様々な事業を展開

ウーバーと2年に及ぶ熾烈な争いの末、ウーバーは中国事業を Didi Chuxing に売却、代わりにウーバーは Didi の20%の株式を保有することになった

資料：内閣府、各種記事、報道資料より作成 ©BBT大学総合研究所

し個々人向けにサービスをカスタマイズするという戦略で、クリック数を獲得している。

メイトゥアン・ディエンピンによる影響は、二〇一五年に、グループ購入eコマースの大手である美団（Meituan）と大衆点評（Dianping）の二社が合併して誕生した。一億五〇〇〇万人の月間アクティブユーザーがおり、毎日約一〇〇〇万件の注文がある。最近、アリババとテンセントの後を追ってオンライン金融サービスのローンチも発表した。

ディディは、二〇一二年に北京に設立された中国最大のライドシェアサービスである。ユーザー数は約五億五〇〇〇万人。配車サービス以外にもシェア自転車、出前サービスなどさまざまな事業を展開している。

ウーバーとは、二年にわたって激しく競り合ってきたが、最終的にウーバーは自社の中国事業をディディに売却、代わりに同社の株式の二〇%を取得して撤退した。

中国ニューエコノミーの事例

ここからは中国におけるニューエコノミーの事例を紹介していこう。

1. 自動車

バイドゥの自動運転開発プラットフォーム「アポロ計画」が、世界の主要自動車メーカーを巻き込んで業界を主導している。

これは、二〇二〇年までに自動運転車の開発を加速するために、業界の垣根を越えた連携を促すオープンソース型のプラットフォームだ(図10左)。二〇一七年四月にバイドゥがこの計画を発表すると、自動車メーカー、サプライヤー、半導体メーカーなどが続々と集結、同年七月プロジェクトは正式にスタートした。二〇二〇年中のレベル5(完全自動運転)実現を目指している(図10右)。

自動車に関しては、このほかにも次世代モビリティに向けた様々な取り組みが進行している

図10

業界を主導するバイドゥの自動運転開発プラットフォーム「アポロ計画」

バイドゥの「アポロ計画」

バイドゥが主導する「アポロ計画」は、2020年までに自動運転車の開発を加速させるため、業界の垣根を越えた連携を促すオープンソース型のプラットフォーム

2017年4月から1年余りで、自動車メーカーやサプライヤー、半導体メーカーなど100社以上が集結

●バイドゥと北京汽車集団が展示した自動運転開発の実験車両。Apolloプラットホームで自動運転産業の「Android」を目指す

●米国スタートアップのAutonomouStuff社は、Apolloのソフトウェアを使ってわずか3日で自動運転化に成功

「アポロ計画」の工程と参加企業

「アポロ計画」の工程と参加企業

2017年7月	閉鎖空間
9月	限定した道路
12月	簡単な道路
2018年12月	特定の高速道路と一般道
2019年12月	試験版
2020年12月	完全自動運転

「アポロ計画」の主な参画企業

自動車	米フォード、独ダイムラー
	第一汽車、北京汽車、長城汽車、東風汽車、奇瑞汽車、江淮汽車、長安汽車
自動車部品	米デルファイ、独コンチネンタル、独ボッシュ、独ZF
IT	米エヌビディア、米インテル、米マイクロソフト、中興通訊、紫光展鋭

資料：バイドゥ、「日本経済新聞」2019/1/9、ほかより作成 © BBT大学総合研究所

（図11）。

たとえば、高速道路の料金所や駐車場で用いられている、自動車のナンバープレートを画像認識し、「アリペイ」や「ウィーチャットペイ」などの決済口座と紐づけることで、自動的に支払いが完了する仕組みがそうだ。

また、深圳市では、バス一万六〇〇〇台、タクシー二万二〇〇〇台が電気自動車に置き換えられている。

二〇一八年にはアリババ系のアント・フィナンシャルが二億元（約三三億円）を投じて、大手駐車場管理機器メーカーである捷順科技の子会社と共同で、スマート駐車場システムを開発した。これは無人ゲートで車のナンバーを自動的に読み取り、さらに顔認証でオンライン決済を可能にすると

図11

中国で進行する次世代モビリティ

車のナンバーを決済コードに

- 自動車のナンバープレートを画像認識で認識し、アリペイや、WeChatPayなどの決済口座と紐づけることで、自動的に支払いが完了する仕組み
- 高速道路料金所、駐車場で用いられる

AIスマートパーキング

2018年2月、アリババ系のアント・フィナンシャルが2億元（約33億円）を投じて、捷順科技の子会社とスマート駐車場システムを共同開発。すでに港珠澳大橋珠海道路で、スマート駐車場を開業している。18のゲートがあり、2500台が駐車できる。無人ゲートでナンバーを自動読み取りし、顔認証でオンライン決済が可能

EVバス/EVタクシー

深圳市では、電気自動車のバスが1万6000台、さらに2万2000台のタクシーも電気自動車に置き換えられている

青空が見え始めた北京

排ガスやPM2.5など大気汚染のため視界不良 ▶ 大気汚染対策がすすみ北京の空が青くなりつつある

資料：日経BP「テクノロジーの地政学」、ほかより作成 ©BBT大学総合研究所

いう仕組みで、すでに実用化されている。

中国ではこのようにEV化が進んだため、排気ガスで視界が悪かった北京でも、最近は青空が見られるようになってきたという。

2. 信用スコア

人々の社会的な信用度をスコアとして数値化したサービスが、行政や民間レベルで活用されるようになってきている（図12）。

その先頭を走っているのがアント・フィナンシャルの「芝麻信用（セサミ・クレジット）」だ。これは中国モバイル決済においてトップシェアを占める「アリペイ」のアプリに搭載されている機能だ。このスコアが高いとデポジットなしで予約ができるなど、日常生活を送る上で様々なメリットを

図12

信用スコアを活用したサービス事例

「芝麻信用」 アント・フィナンシャル	●芝麻信用（Sesame Credit）は、中国モバイル決済においてトップシェアにある「アリペイ」のアプリに搭載されている機能 ●芝麻信用では、その人の信用度合いがスコアで表される ●スコアの高いユーザーには様々なメリットがあるため、人々はより高い点数を
「珍愛網」 （Zhenai.com）	●1億4,000万人が登録するマッチングサイト ●芝麻信用で高スコアをもっていれば優先的に相手を紹介してもらえる ●ユーザーが同意すればプロフィールにスコアを表示できる
最高人民法院	●裁判所の科した罰金の未払い者の情報を芝麻信用と共有 ●該当者は芝麻信用のスコアが下がるだけでなく、アリババの運営する「淘宝網（タオバオ）」や「天猫（Tmall）」といったサイトで一定額以上の高級品を購入できなくなる
江蘇省蘇州市	●蘇州市では独自の信用システムを運用 ●公共交通や公共サービスの利用料を払わない、ネットで嘘の商品レヴューや口コミを投稿する、ホテルを予約したのに連絡なしで勝手にキャンセルする、といった行為が見つかると200ポイントが引かれる

資料：Wired ©BBT大学総合研究所

享受できるため、現在の中国では人々が競って芝麻信用の高スコアを目指している。

「珍愛網」という一億四〇〇〇万人が登録している婚活サイトでも、「芝麻信用」のスコアが高い人は優先的に相手を紹介してもらえる。ユーザーの同意があれば、プロフィールに自分のスコアを表示することもできるという。

「芝麻信用」のスコアに影響を与えるのは、民間企業のデータだけではない。裁判所が科した罰金の滞納者の情報も「芝麻信用」と共有されているのである。該当者は「芝麻信用」のスコアが下がるだけでなく、アリババの運営する「タオバオ」や「Tmall」といったサイトで、一定額以上の高級品を購入できなくなる。

国が主導する社会信用システムもある。

図13

中国で拡大するシェアリングエコノミー

シェアリングエコノミーの市場規模

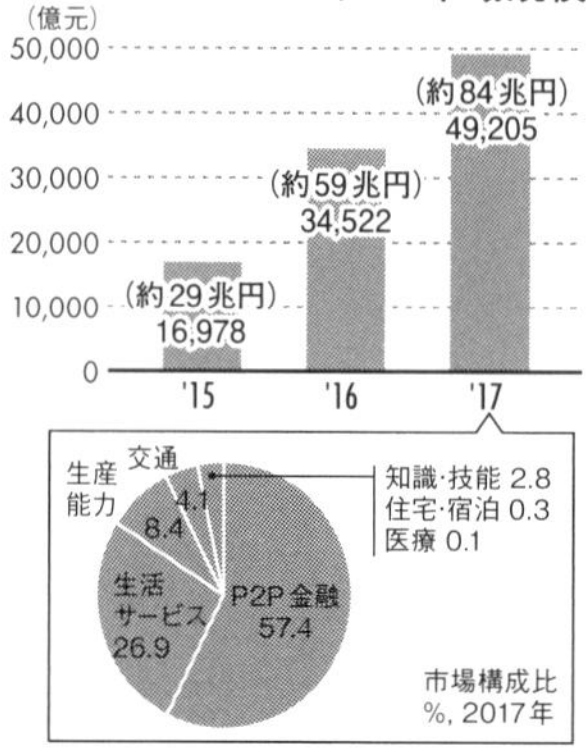

代表的なシェアリングサービス

ルーファックス（Lufax）	P2P金融サービス 中国平安保険が2011年に設立したフィンテック企業。消費者向け融資の規制が強化されたためIPOを延期
ディディ（DiDi）	ライドシェアサービス 中国最大のライドシェアサービスであり、5億人以上のユーザー、2,100万人を超えるドライバーと車両オーナーがプラットフォームを利用
オッフォ（ofo）	自転車シェアサービス 2014年創業の中国発の大手自転車シェアサービス。18年に入り経営危機が報じられる
アーイーライラ（Ayilaile）	家事代行サービス 家政婦のマッチングから支払いまでを行うプラットフォーム。 阿姨来了とは、中国語で「おばさんがやってくる」という意味

資料：中国インターネット情報センター「中国インターネット発展状況統計報告2018年」©BBT大学総合研究所

蘇州市は独自の信用システムを構築し、運用を始めた。公共交通や公共サービスの利用料を払わなかったり、ホテルの予約を連絡なしでキャンセルしたりすると減点されて、さまざまな不利益を被ることになる。

3. シェアリング

中国でも、シェアリングエコノミーの市場規模は年々拡大している。そのうちの六割弱を占めるのが個人向け金融マッチングサービスだ（**図13左**）。

代表的なシェアリングサービスには、「ルーファックス（Lufax 陸金所）」（P2P金融サービス）、「ディディ（Didi 滴滴出行）」（ライドシェアサービス）、「オッフォ（ofo 小黄車）」（自転車シェアサービス）、「アー

図14

中国で見られるシェアリングエコノミー起業の経営問題

シェア自転車を展開する企業の経営危機

サービス名	会社設立	現在の状況
小鳴単車(Xiaoming Bike)	16年7月	18年6月に破産
モバイク(mobike)	16年4月	18年末に創業者辞任。急拡大した赤字が続いている
オッフォ(ofo)	15年5月	利用者による保証金の返還請求が広がる。海外事業部は解散と報道
Bluegogo	14年	17年11月に破産。18年1月にディディが事業を引き継ぐ

15年頃から爆発的にサービスの数が増えたが、過当競争や資金難、放置自転車問題、保証金トラブル、法令による規制などを理由に、急激に勢いを落としている

イノベーターがフォロワーに後れを取った事例

シェア自転車

- 業界1、2位のモバイク、オッフォは大都市圏での競争が激化し、ともに業績が悪化
- 中国政府が個人情報の民間所有に制限を課し始めているため、アリババ、ディディなど大手IT企業からの資金支援が途絶える
- 3位のハローバイクは、小規模都市に照準を合わせてシェアを拡大

外売*

- 外売市場を切り拓いたウーラマは学生都市を優先して進出
- 後発の美団点評が外売サービスに参入し、レストランの加盟店を増やしながら一気に30都市にサービス展開
- ウーラマはそれまでシェア100%だったが今では40%にまで低下

*外売:料理店の料理を宅配してくれるサービス

資料:「日本経済新聞」、ほかより作成 ©BBT大学総合研究所

イーライラ(Ayilaile 阿姨来了)」(家事代行サービス)などがある(図13右)。

このようにシェアリングエコノミーが急激に浸透する一方、経営危機に陥る企業も増えている(図14右)。とくに若いイノベーターの経営手腕の未熟さが問題になっている(図14左)。

とくにシェア自転車は参入が容易だったため、二〇一五年ごろからサービスの数が爆発的に増えたが、過当競争や資金難、放置自転車問題、保証金トラブル、法令による規制などが原因で、ここにきて陰りが見え始めた。

業界一位のモバイク(Mobike)と同じく二位のオッフォ(ofo)は、大都市圏での競争が激化し、ともに業績が悪化している。

これに対し、三位のハローバイク(Hellob

図15

中国小売業でのIT導入事例

アリババが展開する食品スーパー
フーマー／盒馬鮮生

- フーマーのレジは多くが無人。支払は実質的にアリペイのみ対応
- 生簀の魚など自分で選び、店内で調理してもらい食べることも可能
- 店舗から3km圏内であれば30分以内に配達

O2O戦略の新しいコンセプトである新小売(ニューリテール)の先端例として注目が集まる

フードデリバリサービス
Meituan Dianping／美団点評

- 美団点評のデリバリー中のバイク

多角化を進め、アプリ一つでレストランや旅行の予約、映画チケットの購入まで行える、総合ライフスタイルサービスに成長

ソーシャル・ショッピング・アプリ
ピンドゥオドゥオ／拼多多

- 拼多多のアプリ起動画面。トップページ、お薦め、検索、チャット、管理ページとタブが並ぶ

「拼多多」は共同購入による値下げ可能なシステムを提供し、SNS上でのシェアやクリックに応じて値下げが行われるという仕組みにより、情報の拡散と利用者の拡大を後押している。

サービス開始の1年でユーザーは1億人を超え、創業4年目となる現在では4億人に達する

中国の中間所得層以下の消費者の取り込みに成功、主に三級都市や四級都市でユーザーの獲得している

資料：「日経コンピュータ」2018/7/19 © BBT大学総合研究所

ike、哈羅単車）は、小規模都市に照準を合わせる戦略が功を奏し、シェアを着実に拡大しつつある。

それから、外売（飲食店の出前代行サービス）市場では、当初パイオニアであるウーラマが、学生都市を中心に売上を伸ばし、一強状態を続けていたが、後に参入した美団点評が一気に三〇都市にサービスを展開。その影響で現在、ウーラマのシェアは一〇〇%から四〇%にまで低下している。

4. 小売り

小売りの分野でもＩＴの導入が進み、ネットのリアルの融合や地方都市のＥＣ化など、ニューエコノミーの事例が増加している（図15）。

アリババが展開する食品スーパーの「フーマー（盒馬鮮生）」は、レジが無人で支払いは実質的に「アリペイ」のみ。自分で選んだ生簀の魚を店内で調理してもらって食べるといったこともできる。また、店舗から三キロメートル圏内なら、三〇分以内で配達もしてくれる。

美団点評は、フードデリバリーの専門会社からスタートしたが、その後多角化を進め、今ではアプリひとつでレストランや旅行の予約、映画チケットの購入といったことまで対応している。

急成長しているSNS型ECサイトの「ピンドゥオドゥオ（拼多多）」は、「共同購入による値下げ」という仕組みで、中間所得層以下の消費者の取り込みに成功。サービス開始一年でユーザー数は一億人を超え、創業四年目の現在は四億人までその数を増やしている。

5. 動画配信／ライブコマース

動画コンテンツの配信や、動画の生中継配信にネット通販を組み合わせたライブコマースが、若者を中心に人気を集めている（図16）。

中でも世界的に有名なのが、バイトダンスの「TikTok」だ。一五秒の動画投稿サービスで、現在世界中に五億人のユーザーがいて、そのうち四億人が中国人だ。とくに一〇～二〇代がけん引している。

Bilibili（ビリビリ）は、日本のニコニコ動画の中国版である。世界に一億五〇〇〇万人のユー

図16

中国の主な動画配信・ライブコマース企業

バイトダンス TikTok	●15秒の動画投稿サービス ●世界で5億人、うち中国4億人、その他1億人 ●中国発のグローバルアプリ ●10-20代に人気
ビリビリ bilibili	●ニコニコ動画の中国版、世界で1.5億人のユーザー ●日本のニコニコ動画と同じように動画にコメントを書き込めるのが特徴 ●設立当初はユーザーが日本のアニメを違法投稿し、これに中国のアニメファンが中国語の字幕を付けたことで、人気となった ●ただ中国政府の著作権保護政策によって違法アニメは消えつつある
淘宝直播 Taobao live	●ネット通販に動画配信を組み合わせた販売手法「動画コマース」のうち、録画ではなく生中継で動画を配信するタイプ ●売り手は世間への影響力を持った「インフルエンサー」らを登場させ、消費者を誘導。交流機能を使って買い手の疑問にリアルタイムで答えることもできる ●中国のトップインフルエンサー「網紅」(ネットの人気者の意味)になると、独身の日に2時間で43億円売り上げる

資料:各種資料より作成 ©BBT大学総合研究所

ザーがいる。サービス開始当初は日本のアニメが違法にアップロードされ問題となったが。今は中国政府の著作権保護政策によって正常化しつつある。

「Taobao live(淘宝直播)」は、アリババが運営するライブストリーミングサービス。消費者に強い影響力をもつインフルエンサーが商品を紹介し購買を促す。トップインフルエンサーのウェイヤーさんは、独身の日に二時間で四三億円の売上を記録した。

6. AI/ロボット

AIによる顔認識や画像認識技術が、産業分野で実用化されつつある(図17)。

〈センスタイム(SenseTime 商湯)〉

図17

中国の主な顔認識・画像認識企業

センスタイム	●香港や北京などを拠点に人工知能（AI）技術を研究開発するスタートアップ ●ディープラーニングを活用した画像認識技術を得意とし、顔認証から医療画像の認識、車の自動運転まで幅広い分野に応用を試みている。
メグビー（Face++）	●顔認証ソフトウェアである「フェイスプラスプラス」などAIを使った技術開発を手掛けるスタートアップ ●アリペイの顔認証機能などに採用され、中国公安当局とも連携 ●創業者の印奇は2016年版Forbes誌が選ぶ30歳以下の世界リーダーランキングで1位にランキングされた経営者
CloudWalk Technology	●顔認識システムの開発に加え、顔認証式の回転式改札口の販売なども行う ●中国科学院重慶研究所傘下のAI企業 ●2017年までに、23の省の警察と50の銀行（国有の中国農業銀行含む）や多数の空港で同社の顔認証システムを導入

資料：各種資料より作成 ©BBT大学総合研究所

香港や北京などを拠点にＡＩ技術を研究開発するスタートアップ企業。ディープラーニングを活用した画像認識技術を得意とし、顔認証から医療画像の認識、車の自動運転まで幅広い分野に自社技術の応用を試みている。

〈メグビー（Megvii 北京曠視科技）〉

ＡＩを使った技術開発を手がけるスタートアップ企業。主力商品である顔認証ソフトウェア「Face++（フェイス・プラス・プラス）」は「アリペイ」にも採用されている。また、中国公安当局との関係も深い。創業者の印奇《いんき》氏は二〇一六年版フォーブス誌が選ぶ三〇歳以下の世界リーダーランキングで一位に選ばれている。

図18

中国の主な音声認識、AIチップ、ロボティクス企業

アイフライテック 科大訊飛	●中国で7割のシェアを持つ音声認識技術メーカー ●中国政府（国務院科学技術部）の「国家4大AIプロジェクト」の「智能語音（音声認識）」を担当 ●翻訳精度97%の音声アシスタント「iFlytek」 ●中国で音声アシスタントのリーダーと言えば、「Siri」や「アレクサ」ではなく、「iFlytek」
カンブリコン 寒武紀科技	●中国科学院計算技術研究所系のプロセッサメーカー ●2016年に提供を開始した「寒武紀深度学習処理器（Cambricon-1A）」世界初のディープラーニングに特化した商用プロセッサ ●音声認識の科大訊飛（iFIYTEK）や、ハードウェア大手の曙光（Sugon）などが同社製品を採用している
UBテック 優必選	●深圳を拠点とするAIヒューマノイドロボティクス企業 ●2012年に設立されたUBTECHは、ヒューマノイドロボット、業務用ロボット、STEM学習用ロボットを開発 ●UBTECHの製品は現在、世界40カ国以上で販売されており、世界中に7,000以上の販売拠点を有する

資料：各種資料より作成 ©BBT大学総合研究所

〈クラウドウォーク・テクノロジー（Cloud Walk Technology 雲従科技）〉

中国科学院重慶研究所傘下のＡＩ企業。ここは顔認識システムの開発に加え、顔認証式の回転式改札口も販売している。二〇一七年までに二三の省の警察と五〇の銀行（国有の中国農業銀行含む）、そのほか多数の空港で同社の顔認証システムが導入されている。

次に、最先端技術である音声認識、ＡＩチップ、ロボティクスでも、中国企業の台頭が目覚ましい（図18）。

〈アイフライテック（iFlytek 科大訊飛）〉

中国国内で七割のシェアを占める音声認識技術メーカー。中国政府（国務院科学技

術部）の「国家四大ＡＩプロジェクト」の「智能語音（音声認識）」も担当している。中国では音声アシスタントのリーダーといえば「Siri」や「アレクサ」ではなく、翻訳精度九七％を誇る「iFlytek」なのである。

〈カンブリコン（Cambricon 寒武紀科技）〉

中国科学院計算技術研究所系のプロセッサメーカー。二〇一六年には世界初のディープラーニングに特化した商用プロセッサである「Cambricon-1A」の提供を開始している。前出のアイフライテックやハードウェア大手のスゴン（Sugon、中科曙光）も同社製品を採用している。

〈UBテック（UBTECH 優必選）〉

深圳で二〇一二年に設立されたＡＩヒューマノイドロボティクス企業。業務用ロボットやＳＴＥＭ学習用ロボットなどを開発している。同社の製品は現在世界四〇カ国以上で販売されており、販売拠点は七〇〇〇を超えている。

7．生活

中国ではキャッシュレス化やスマートホーム化が進んだことで、人々の暮らしが大きく変化し

図19

テクノロジーが変革するライフスタイル（参考）

キャッシュレス社会

出勤時にシェアリングサイクルの「モバイク」で会社へ向かう
（決済はウィーチャットペイ）

▼

無人レストランでランチ。
注文から調理、配膳、会計などのすべてが自動化

▼

友人たちとディナー。
デイデイを利用してレストランまで移動

▼

ディナーの支払いは誰かが代表してお店にウイチャットで支払い、その後代表者に割った金額をウィーチャットで送る

スマートホームシステム
Gateway（Xiaomi）

「Gateway」と呼ばれるデバイスをハブに、スイッチ・センサー類と、電球や電源、空気清浄機やウェブカメラ等の家電を組み合わせてWi-Fiでコントロールする。アプリ（Mi Home）を入れることでスマホからの操作も可能

＜主な機能＞
- 部屋に入ったら照明をつける
- ペットが通り過ぎたら、光と音でアラーム通知する
- 窓を閉めたら空気清浄機を起動する
- 人が通ったらナイトライトをつける
- 外出時にボタン一つで電気を消す

資料：JETRO、Xiaomi ©BBT大学総合研究所

ている。たとえば、こんな具合だ（図19）。

朝はシェアリングサイクルの「モバイク」で出勤。ちなみに決済は「ウィーチャットペイ」だ。

昼ランチに訪れるのは無人レストラン。注文、調理、配膳、会計とすべてが自動化されている。

夜は友人たちとディナー。移動には「ディディ」を利用。料金は割り勘とし、最初に代表者が「ウィーチャットペイ」で店に支払って、残りのメンバーはあとで自分の分を「ウィーチャットペイ」を使って代表者に送金。

自宅は「シャオミ（Xiaomi 小米）」の「Mi Smart Home」でスマート化されている。「Xiaomi Gateway」と呼ばれるハブに、スイッチ・センサー類と電球や電源、空気清

図20

その他の各場面におけるIT導入

ロボットレストラン 「京東X未来レストラン」（天津市）	無人ホテル「FlyZoo Hotel」 （アリババホテル）	トイレIT トイレの空き個室が一覧できるアプリ
注文から配膳まで全行程をロボットにより自動化	顔認証でチェックイン	中国セキュリティ企業「360」が、社内トイレの空き状況がわかるWeChatミニプログラムを開発して使用
スマホで注文	ロボットが客室に案内	トイレのドアに磁気センサーを取り付け、ドアの開閉を察知し、使用中かどうかを判断
調理も自動化	客室にはAIスピーカーが設置され、すべての操作が音声で可能	トイレ状況の一覧。緑が空き、オレンジが使用中。赤は長時間使用中
ロボットで配膳	チェックアウトはスマホで行う	女性トイレが満室に近くなると、ある階数の男性トイレを女性用に変え、柔軟に運用することも可能

FlyZoo Hotelで完成させた運営モデルをホテル業界全体に売り込んでいく計画

資料：各種資料より作成 ©BBT大学総合研究所

浄機、ウェブカメラなどの家電を組み合わせてWi-Fiでコントロールする仕組みとなっており、スマートフォンからの操作も可能となっている。

このシステムによって、「部屋に入ったら照明がつく」「ペットが通り過ぎたら光と音でアラーム通知」「窓を閉めたら空気清浄機が稼働」「人が通ったらナイトライト点灯」「外出時にボタンひとつで電気を消す」といった設定ができる。

8．その他

ほかにも中国ニューエコノミーで提供されているITを活用した新しいサービスを紹介しよう（図20）。

二〇一八年一一月天津市にオープンした

「京東X未来レストラン」は、ECサイト「京東商城」が経営する、オーダーから配膳までの全行程でロボットが作業をする。

同年一二月に杭州ではアリババが無人ホテル「FlyZoo Hotel」の運営を開始した。顔認証でチェックインができ、ロボットが客室に案内してくれる。部屋にはAIスピーカーが設置されていて、照明の調節やテレビ、カーテンなどの操作はすべて音声で行う。食事やドリンクなどのルームサービスはロボットが運搬し、チェックアウトはスマートフォンで行う。

もうひとつ話題なのが、中国セキュリティ企業「360」が、ウィーチャットミニプログラムを開発して使用している社内トイレの空き状況がわかるプログラム。トイレのドアに磁気センサーを取り付けて開閉を感知し、使用中かどうかをAIが判断する。どの階のどのトイレが使用中か一覧画面ですぐにわかるため、女子トイレが満室になると、ある階の男子トイレを女性用に急遽変更するといったこともすぐにできる。

中国ニューエコノミーの問題点

中国ニューエコノミーの主な不安要素とリスクは、以下のとおりである（図21左）。

1. 米中貿易戦争

中国通信機器メーカーZTEは、二〇一八年四月にアメリカ商務省から、国内での販売を七年間禁止された(七月に解除)。また、その後米連邦通信委員会(FCC)は、アメリカ企業がZTEとファーウェイの製品を使用することを禁じる法案を可決している。

2. 政府の規制

「青少年の視力低下を予防するため、オンラインゲームの政策本数を制限する」と政府が発表した途端、テンセントの株価が大幅に下落したように、ニューエコノミーの展開が中国政府の意向に左右されるのは避けられない。

ニュースアプリ「トウティアオ」も、当局の検閲により「社会主義の価値観とは相いれないコンテンツを掲載した」として、創業者が謝罪に追い込まれた。

3. 環境変化とスピード

シェア自転車のように、過当競争で値下げ合戦が過熱して経営破綻するようなケースがまま

図21

中国ニューエコノミーの不安要素と今後の見通し

中国ニューエコノミーの主な不安要素・リスク

米中貿易戦争

- 2018年4月、中国通信機器メーカー ZTE（中興通訊）と米国企業の取引禁止（7月に解除）
- 米通信会社に中国ファーウェイなど中国製通信機器の調達を禁止

政府の規制

- 青少年の視力低下を予防するためオンラインゲームの新作とゲーム全体の本数を制限する計画を発表し、テンセントの株価が大幅に下落
- 中国政府のネット検閲により、ニュースアプリ「今日頭条（Toutiao）」が、「社会主義の価値観とは相いれないコンテンツを掲載した」として、同社創業者が謝罪に追い込まれた

環境変化スピード

- 過当競争で値下げ合戦が過熱し、経営破綻するケースが生じる（シェア自転車ofoが経営危機）
- 業界3位の小藍単車（ブルー・ゴー・ゴー）が経営破綻した際、退会時に返ってくるはずの保証金が返金されないトラブルが発生（2017年）

今後の見通し

短期

- 米中貿易戦争がニューエコノミー領域に与える影響は限定的
- 政府規制や経営環境の変化によって、数多くの企業やサービスが選別される

中長期

- 中国政府が予算や高度人材を投入しているため、中国のニューエコノミーが世界最先端に到達する可能性が高い
- 国内では個人情報、データ使い放題であるが、世界では制限があるため各国でデータの取扱いについて問題化する
- 国内のデータを外資企業に開放し、誰でも活用できることを検討する時期が到来する

資料：BBT大学総合研究所 ©BBT大学総合研究所

見られる。

　また、ニューエコノミーには「弱小資本のアイデア勝負」といった企業の参入が少なくないため、シェア自転車業界第三位の「ブルー・ゴー・ゴー（小藍単車）」が経営破綻した際、退会時に利用者に返却すべき保証金が戻らなかったというようなトラブルが起こりがちだ。

　それでは、中国ニューエコノミーの今後の見通しはどうか（図21右）。

　米中貿易戦争はアメリカ大統領がトランプ氏でなくなれば落ち着くだろうから、影響は限定的だといえる。

　それから、政府の規制や経営環境の変化によって、これから企業やサービスの淘汰が始まることが予想される。

そうなると長期的には中国ニューエコノミーが世界経済のトップを走ることになるだろう。

ただし、中国国内とその他の国では個人情報やデータの取り扱い方法が異なるため、世界で問題を引き起こす可能性がある。

また、中国が収集分析したデータを外資企業にも開放し、誰でも使えるようにするときがくるのかにも注目したい。

日本は中国のニューエコノミーにどう対応すればよいのか

現在の中国は、もはや以前の「世界の工場」ではない。イノベーションは深圳だけでなく中国全土で起こっている。それに伴い人々の消費やライフスタイルも、世界最先端に変貌した。日本は、イノベーションで中国に後れをとったことを素直に認める必要がある（図22左）。

こういうと、「中国の後塵を拝するなんて許せない」と憤る人もいるかもしれないが、過去二〇〇〇年を見れば、一九〇〇年は中国のほうが日本よりも上にいたのである。だから、変な劣等感や歪んだ優越感は捨てるべきだ。

では、日本はどうするべきなのか（図22右）。

アメリカだけでなく中国も、これからはイノベーションの先行指標とするのである。その一方で、日本が強い先端研究分野、素材、部品、機械産業はなんとしても死守することである。

図22

日本はイノベーションで中国に後れをとった

中国をどうとらえるべきか

**中国は世界最先端の
イノベーション国家へと変貌**

- 中国は、もはや単なる「世界の工場」ではない
- イノベーションは、深圳だけではなく、中国全国各地に波及している
- 消費スタイル、ライフスタイルでも先端を走りつつある

**日本は、イノベーションの分野で
中国に後れを取ったと認識する必要がある**

日本はどうするべきか

- 米国だけでなく、中国をイノベーションの先行指標として定期点検する必要がある
- 日本が強い先端研究分野、素材・部品・機械産業を死守する
- 中国のイノベーション、中国のライフスタイルを自社に取り込む
  - ・アリババ・テンセントプラットフォーム活用
  - ・ライブコマース、中国のインフルエンサー活用
- 中国市場でイノベーションを実践する
  - ・ライブコマース実践
  - ・スマートシティ、顔認識実践
- まずはやってみる
  - ・綿密な事前計画よりも、初速を早くして動きながら修正を加えていく
  - ・ただし、中国の体制批判、中国の機密情報（防衛関連）などには注意する

資料：BBT大学総合研究所 ©BBT大学総合研究所

それから、アリババやテンセントなどのプラットフォームをモデルにしたり、ライブコマースや中国のインフルエンサーを活用したりするなど、中国のイノベーションやライフスタイルを積極的に自社に取り込む（図23）。

さらに、中国市場を利用して自社のイノベーションを実践する。中国にはベンチャーキャピタルも集まっているので、日本よりもはるかに資本を集めやすいはずだ。

とにかくやってみることである。日本企業は最初に綿密な計画を立ててからようやく動き出す傾向が強いが、ニューエコノミーでは拙速でもいいからまず始めて、動きながら修正していくほうが成功の確率ははるかに高くなる。

ただし、中国の体制批判ととられたり、

図23

中国のイノベーションを日本企業に導入する

中国イノベーションの取り込み方	内容	主な日本企業の事例		
出資・提携 共同開発	●中国の先端企業に出資、提携を行う	●ソフトバンク	→	アリババ、滴滴（Didi）等への出資
		●ホンダ	→	中国AI企業SenceTimeと提携
		●LINE	→	テンセントと提携
		●ソニー	→	中国スマホメーカーOPPOとCMOS共同開発
中国のプラットフォーム、中国の技術を活用する	●中国プラットフォームを活用して、中国市場で商売する	●カルビー	→	TikTok動画活用、Tmall（アリババ）で販売
		●テレビ東京	→	中国bilibiliに動画正規配信
		●日本の各店舗	→	Alipay、WeChatpay決済導入
		●日本の越境EC	→	Tmall(Alibaba)などの大手ECに出店
VC・支援機関を活用する	●中国VCの出資、スタートアップ支援機関の支援を受ける	●C-Channel	→	中国のVC、LegendCapitalから出資を受ける
		●各日本企業	→	日中企業マッチングイベントに参加
中国のやり方を模倣する	●中国が先行しているビジネスモデルや技術を模倣する	●楽天Pay	→	中国QR決済方式
		●Jscore	→	芝麻信用の信用スコアリング方式
		●日本の無人店舗	→	中国型の無人店舗方式

資料：BBT大学総合研究所 ©BBT大学総合研究所

国家機密に触れるようなことをしたりすると、厳しい処罰が待っているので、この点はくれぐれも注意されたい。

（二〇一九年三月一日「ATAMIせかいえ」にて収録）

第二章

中国発
ユニコーン企業
の最前線

パク・ジュンソン

PROFILE

パク・ジュンソン

Park Joon Sung

レジェンド・キャピタル パートナー、マネージングディレクター
韓国延世大学校卒業、慶應義塾大学MBA及び中国長江商学院MBA修了。延世大学在学中には、ペンシルベニア大学ウォートン校への留学経験ももつ。アクセンチュア東京オフィスを経て、2005年にレジェンド・キャピタルに参加。クロスボーダー投資を担当しており、主に消費財、エンターテインメント、インターネットサービス分野での投資を積極的に行う。韓国語、中国語、英語、日本語に堪能。

レジェンド・キャピタルの紹介

レジェンド・キャピタル（Legend Capital 君聯資本）は、中国を拠点とするベンチャーキャピタルです。現在、中国市場を中心にベンチャー企業に投資を行っています。二〇一五年からは、中国に進出する海外企業への投資も積極的に行っています。

また当社は、レジェンドホールディングス（Legend Holdings 聯想控股）のグループ会社であります。レジェンドホールディングスは、戦略投資部門と金融投資部門の二部門をもち、当社は金融投資部門の一社に位置づけられます。

レジェンドホールディングスの起源は、日本でも知名度の高いPCメーカー・レノボ（Lenovo 聯想集団）に由来し、一九八四年に柳伝志《りゅうでんし》（Liu Chuanzhi）氏によって創業され、二〇〇一年にホールディングス化されました。

ファンド組成額の推移

当社のファンドは、私が入社した二〇〇五年当時は、まだ一億ドル程度の小さな規模でした。それが二〇〇八年の北京オリンピックを境に急激に成長し、現在は米ドルと人民元を合わせて約七二億ドルになっています。LP（Limited Partner ファンド出資者）には、グローバルな機関投資家だけでなく、中国事業を強化したい事業会社も名を連ねており、二〇一八年には、韓国のSKグループから三億ドルのファンド出資を受け入れました。

当社投資先のIPO実績は九〇社（二〇二〇年八月末時点）、直近の二〇一八年と二〇一九年はともに一一社でした。その中には、日本のニコニコ動画の中国版であるビリビリ（Bilibil 嗶哩嗶哩）、中国の車載電池最大手の寧徳時代新能源科技（CATL）も含まれています。

当社は、二〇一九年の中国ベンチャーキャピタルランキングでは、アメリカ系のセコイアキャピタルに次いで第二位となっています。

中国ユニコーン企業の現状

『CBインサイツ』という、スタートアップ企業やベンチャーキャピタルの動向を調査・分析するアメリカのメディアによれば、二〇一八年一二月の時点で、世界のユニコーン企業は三一一社あり、そのうち中国のユニコーン企業は七七社ということになっています。

一方、中国の調査会社が出した『フールン（HURUN 胡潤百富）』というレポートによると、中国のユニコーン企業は一六二社となっています（https://www.hurun.net/CN/HuList/Unilist?num=ZUDO23612EaU）。

図1

中国ユニコーン企業の分布状況

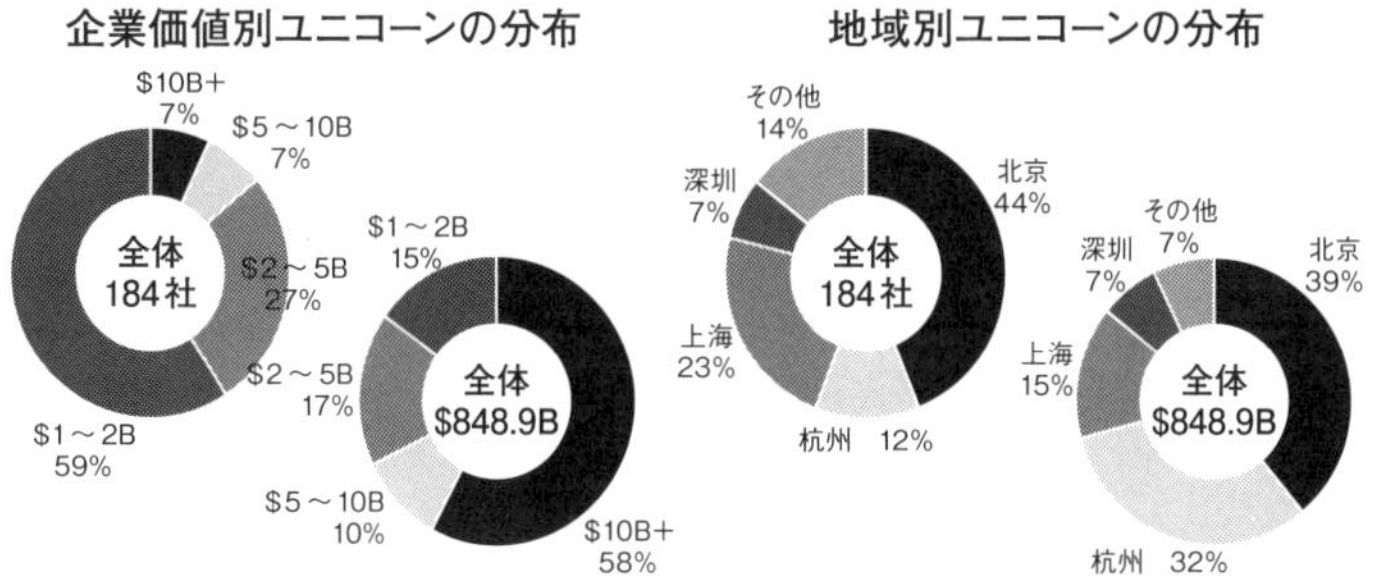

「ユニコーン」とは何か?
- 設立から10年以内に10億ドルの価値を達成した企業
- 現在、中国は合計$848.9Bの184ユニコーン企業を保有
- 100億ドル以上の「デカコーン」12社が全体企業価値合計の半分以上を占めている

北京・上海・杭州・深圳の4都市にユニコーン企業が集中
- 北京&上海：経済発展と人口密度
- 杭州：アリババグループの歴史
- 深圳：ハードウエア「シリコンバレー」の周りに分布

©LEGEND CAPITAL

ちなみに、二〇一八年三月に政府の呼びかけにより中国科学技術部主催で行われた「中国ユニコーン会議」には、一八〇社以上が参加したと報道されていました。

当社が中国のユニコーン企業に関して、二〇一八年九月から独自に調査を行ったところ、中国には一八四社のユニコーン企業が存在し、その多くが北京、上海、杭州、深圳の四都市に集中していることが明らかになりました（図1）。

業界別に見ると、いちばん多いのが金融で、次がエンターテインメント、以下AI／クラウド、モビリティ／自動車、物流と続きます。

ユニコーン企業の中で、企業価値が一〇〇億ドル以上という、通常のユニコーン企業の一〇倍超の企業が、中国には一二社あ

図2

中国ユニコーン企業トップ12

順位	会社名		企業価値($B)	業界	企業紹介	系列
1	螞蟻金服	Ant Financial	150.0	金融	ECをベースとした中国最大のインターネット金融グループ	アリババ子会社
2	字節跳動	Bytedance	75.0	エンターテインメント／メディア	ニューサービス「Toutiao」、ショートクリップアプリ「TikTok」を展開	
3	阿里雲	Alibaba Cloud	67.0	AI ／ Cloud	アリババ傘下のクラウドコンピューティング	アリババ子会社
4	滴滴出行	Didi Chuxing	60.0	モビリティ／自動車	タクシー配車やカーシェアリング等のカー O2Oサービス	アリババ・テンセント投資
5	陸金所	Lufax	38.0	金融	インターネット資産管理サービス	平安保険子会社
6	京東金融	JD Finance	19.0	金融	JDのECベースの金融サービス	京東子会社
6	菜鳥網絡	Cainiao	19.0	物流	淘宝網（Taobao）から派生した物流ネットワーク	アリババ子会社
8	快手	Kuaishou	18.0	エンターテインメント／メディア	ショートムービーアプリ	テンセント投資
9	微衆銀行	WeBank	17.4	金融	ネットバンク	テンセント投資
10	比特大陸	Bitmain	15.0	ブロックチェーン	仮想通貨マイニング企業	テンセント投資
10	大疆	DJI	15.0	ハードウエア	ドローンの開発と生産	
12	京東物流	JD Logistics	13.5	物流	JDから派生したロジスティクスネットワーク	京東子会社

企業価値は2019年第1四半期のもの　　　　©LEGEND CAPITAL

ります（図2）。

このうち、アリババ（Alibaba　阿里巴巴）の関連会社が四社あり、トップのアント・フィナンシャル（Ant Financial Service　螞蟻金服）もそのうちのひとつです。同社はもともとアリババの一部門がスピンオフし、外部から投資を入れたため、子会社ではなく、関連会社ということになっています。

ほかには、テンセント（Tencent　騰訊）の投資先が四社、ジンドン（Jingdong　京東）の系列会社が二社入っています。

主要業界における代表的ユニコーン企業

以下、当社の調査結果に基づいて、主要業界ごとに代表的な中国ユニコーン企業を紹介します（業界の紹介順序はユニコーン企業の企業価値合計順）。

1．金融

金融業界では、これまで二七社のユニコーン企業が誕生しています。分野は、総合金融サービス、決済、資産管理、ネットバンク、投資会社、信用評価、オンライン証券など、様々です。

金融業界を代表するユニコーン企業であるアント・フィナンシャルは、アリババ本社とパートナーが七七％の株式を保有し、残りは複数のプライベートエクイティなどが出資しています。利益は二〇一七年の段階で約一九億ドルあり、その半分超は決済関連、約三割が企業に対する金融技術サービスによるものです。

アント・フィナンシャルの主要なサービスは、決済、資産管理、クレジット／ローン、保険、信用評価であり、日本企業でたとえるならば、ＬＩＮＥ、ＳＢＩ証券、ＪＣＢ、日本生命、ジェイスコアを全部合わせてひとつにしたような会社だといえます。

創業者の井賢棟（Jing Xiandong）氏は元アリババ社員で、その前は香港のスワイヤーグループで働いていました。

2. エンターテインメント

エンターテインメント業界からは、一六社のユニコーン企業が誕生しています。内訳はニュースアプリケーションが四社、動画が三社、スポーツ関連が三社、ラジオが一社、音楽が二社、ゲームが二社、マンガが一社です。

このうち代表的なのが、「Toutiao」や「TikTok」といったサービスを提供しているバイトダンス（ByteDance　字節跳動）です。これまで八回に分けて合計四二億ドルを調達し、非常に大きな成功を収めています。

3. AI／クラウド

AI／クラウド業界からも、二〇社のユニコーン企業が誕生しています。

クラウドコンピューティング領域では六社、その中のUクラウド（UCloud　優刻得科技）は当社が投資をしている会社です。ほかは画像認識が五社、ロボットが一社、ビッグデータが四社、AIチップが一社、音声認識が二社、自動運転が一社となっています。

クラウドコンピューティングで最大のユニコーン企業が、アリババクラウド（Alibaba Cloud　阿里雲）です。中国では二〇〇九年にいわゆる「独身の日（11月11日）」に合わせたECサイトの販促イベントが始まりました。このトラフィックに対応するためにアリババが立ち上げたクラウド部門がアリババクラウドです。現在ではアリババ全体の約四％の売上を、このアリババクラウドが占めています。また、中国国内でもシェア四三％と圧倒的な強さを誇っています。ちなみに、世界で三五％のシェアをもつアマゾンの中国市場におけるシェアはわずか六％です。創業者の胡暁明（Hu Xiaoming）氏は、アリババと中国の建設銀行でキャリアを積んだ人物です。

画像認識では、センスタイム（SenseTime 商湯）の売上が群を抜いています。二〇一八年に香港の歌手ジャッキー・チュンのコンサートで、観客の中にいた指名手配中の犯人が顔認証システムで発見され、逮捕されたことが話題になりました。そのとき使われたのが、センスタイムのソフトウェアです。創業者の徐立（Xu Li）氏は、モトローラ、オムロン、マイクロソフト、レノボのコンピュータ部門で働いていました。

4. モビリティ／自動車

モビリティ／自動車業界では、二四社のユニコーン企業が誕生しています。ここにはモバイルサービスのほかに、電気自動車や中古車取引も含まれます。

モビリティで最も有名なのは、ディディ（Didi Chuxing 滴滴出行）です。一般のタクシー以外にも、相乗り、プレミアムタクシー、バス、代行運転など、様々なモビリティのサービスを提供しています。なお、ディディが投資家から調達した二二〇億ドルは、中国のすべてのユニコーン企業の中でも最大です。ユーザー数は四億五〇〇〇万人、同社のプラットフォーム上では一日平均二五〇〇万件の取引が行われています。創業者の程維（Cheng Wei）氏は、アリババに八年間勤務した後に同社を立ち上げました。

モビリティでは、ほかにも、オッフォ（ofo 小黄車）、ハローバイク（Hellobike 哈羅単車）といった自転車のシェアリング会社が名を連ねています。

5. 物流

eコマースが急速に伸びていることに伴い、物流のスタートアップ企業も増え、現在一二のユニコーン企業が誕生しています。中でも最大なのが、宅配プラットフォーム分野のツァイニャオ（Cainiao　菜鳥）で、これまで二回に分けて合計二二億ドルを調達しています。創業者の張勇（Zhang Yong）氏も元アリババ社員で、その前はアーサーアンダーセン上海で七年間勤務していました。

中国ではすでに、二〇一六年に業界二～四位のZTOエクスプレス（ZTO Express 中通快逓）、YTOエクスプレス（YTO Express　圓通速逓）、STOエクスプレス（STO Express　申通快逓）が、そして二〇一七年には同一位の順豊エクスプレス（SF Express 順豊速運）が上場を果たしています。

ツァイニャオの株式の四三％はアリババが保有しており、ZTO、YTO、STOも株主になっています。

6．ハードウェア

ハードウェアのユニコーン企業は六社あります。

最も有名なのはDJI（大疆創新科技）でしょう。二〇〇六年の設立で世界のドローン市場の七割を占めています。これまで五回にわたり合計一一億ドルを調達し、現在の企業価値は一五〇億ドルです。創業者の汪滔（Wang Tao）氏は、香港科学技術大学でロボット技術の修士号を取得しています。

ロヨル（Royole 柔宇科技）は、フレキシブルディスプレイ・センサーの研究開発をしている会社で、これまで一〇億ドルの資金調達をしています。創業者の劉自鴻（Liu Zihong）氏は、清華大学卒業後スタンフォード大学で博士号を取得。IBMなど海外企業でキャリアを磨いた人物です。

7. EC

ｅコマース業界のユニコーン企業は一七社です。内訳を見ると、消費財と食品がともに五社、乳幼児向けが四社、その他が三社です。

ミスフレッシュ（MissFresh　毎日優鮮）は、食品専門のＥＣプラットフォームでは中国最大の会社です。二〇一四年に北京で設立され、その後、八回に分けて一四億ドルを調達しています。創業者の徐正（Xu Zheng）氏は、レノボでの一〇年間勤務を経て起業しました。

ジョリーチック（Jollychic　浙江執御信息技術）は、中東地域の市場をターゲットとしたＥＣプラットフォームです。ここには当社も投資をしています。創業者の李海燕（Li Haiyan）氏は中国企業でキャリアを積みました。

8. O2Oサービス

Ｏ２Ｏ（Online to Offline）サービスでは、フードデリバリー、チケット販売、インテリアサービス、中古製品取引／回収、車両保険サービス、ハウスキーピングサービス、観光／ホテルといった分野で、一〇社のユニコーン企業が誕生しています。

この中で、オンラインフードデリバリープラットフォームアプリを提供しているウーラマ

(Ele.me 餓了麼) は、一〇回に分けて一二〇億ドルを調達している注目のユニコーン企業です。創業者の張旭豪 (Zhang Xuhao) 氏は、上海交通大学の大学院時代に、同じ大学の仲間たちと同社を立ち上げました。

ウェブサイトやアプリを介して車両のメンテナンスサービスを提供するトゥーフー (Tuhu 途虎養車) も、すでに一万三〇〇〇店舗の専門店と提携を結んでおり、今後の成長が期待されるユニコーン企業のひとつです。創業者の陳敏 (Chen Min) 氏は、中国と海外両方の企業で勤務した経験があります。

9. 教育

教育業界では、一二社のユニコーン企業が生まれています。内訳は「K12教育」といって幼稚園から高校までのサービスを行っているのが七社、語学教育が二社、ツールアプリ、講義コンテンツ、専門教育が各一社です。

教育業界で最も大きいのが、中高生を対象としたモバイル教育プラットフォームの ズオイエバン (Zuoyebang 作業幇) です。学生が問題を写真に撮ってアップロードすると、マッチングする答えをＡＩが探してくれるというサービスで、中高生の七割がこのアプリを使用しています。また、中国の中等学校教材の九〇%以上を保有しています。さらに、インターネット講義や一対一のオンライン家庭教師といったサービスも提供中です。この会社は、これまで五回にわたって合計一一億ドルの資金調達を行ってきており、そのうち三回は当社が投資しています。創業者の侯建彬（Hou Jianbin）氏は、バイドゥ（Baidu 百度）で働いた後、社内で起業しました。

10. ニューリテール

ニューリテール業界でも、三つのユニコーン企業が誕生しています。

この中のひとつ、ラッキンコーヒー（Luckin Coffee 瑞幸珈琲）は、たった二年で二〇〇〇店舗を中国全土に出店し、三五〇〇万人の顧客を獲得しています。資金調達も三回行っており、その額は合計四〇億ドルです。

ラッキンコーヒーの運営するカフェの特徴は、「モバイルアプリでしか注文できない」という点です。またテイクアウトだけでなく、配達サービスも提供しています。

ただ、二〇一八年には約二〇〇億円の赤字を計上しているため、巨額の資金投資が続かないと、今後の事業の行方は楽観できない状況です（注：実際、ラッキンコーヒーは二〇二〇年四月に前年度決算の粉飾が発覚し、六月に株式市場での同社株の取引が停止となっている）。

図3

中国ユニコーン184社のCEO分析①

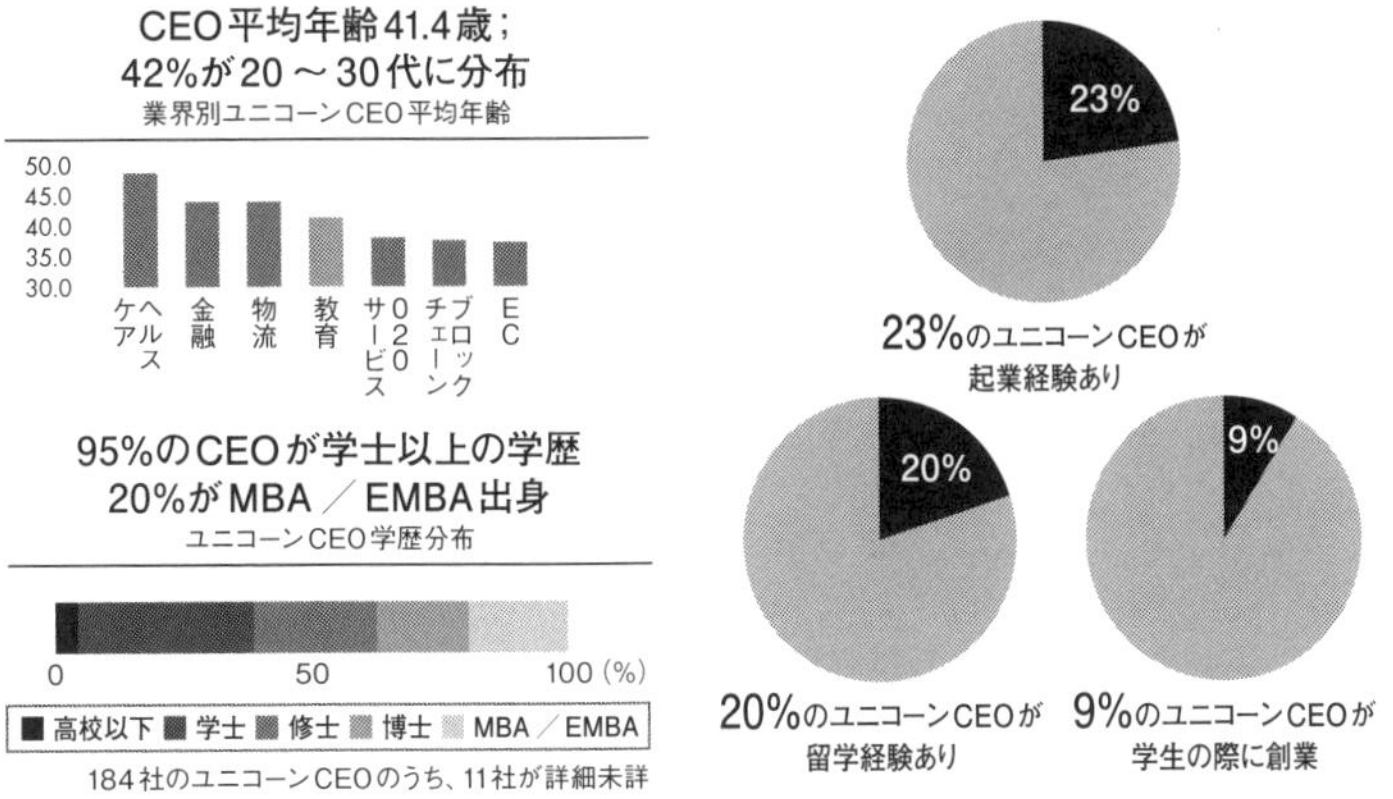

ⒸLEGEND CAPITAL

全ユニコーン（一八四社）のCEOの分析

中国の全ユニコーン企業一八四社のうち、CEOの平均年齢は四一・四歳で、四二%が二〇～三〇代に分布しています（図3）。

また、二三%のユニコーンCEOは、起業経験のあるシリアルアントレプレナー（連続起業家）です。留学経験があるのは、二〇%に留まり、意外な結果となっています。学生の間に起業した人は九%です。

CEOのキャリアのバックグラウンドを見ると、中国企業での職務経験しかない人が半分以上の五四%、中国と海外の両方で働いたことがあるのは一八%、海外企業のみというのは一二%でした（図4）。業界と

図4

中国ユニコーン184社のCEO分析②

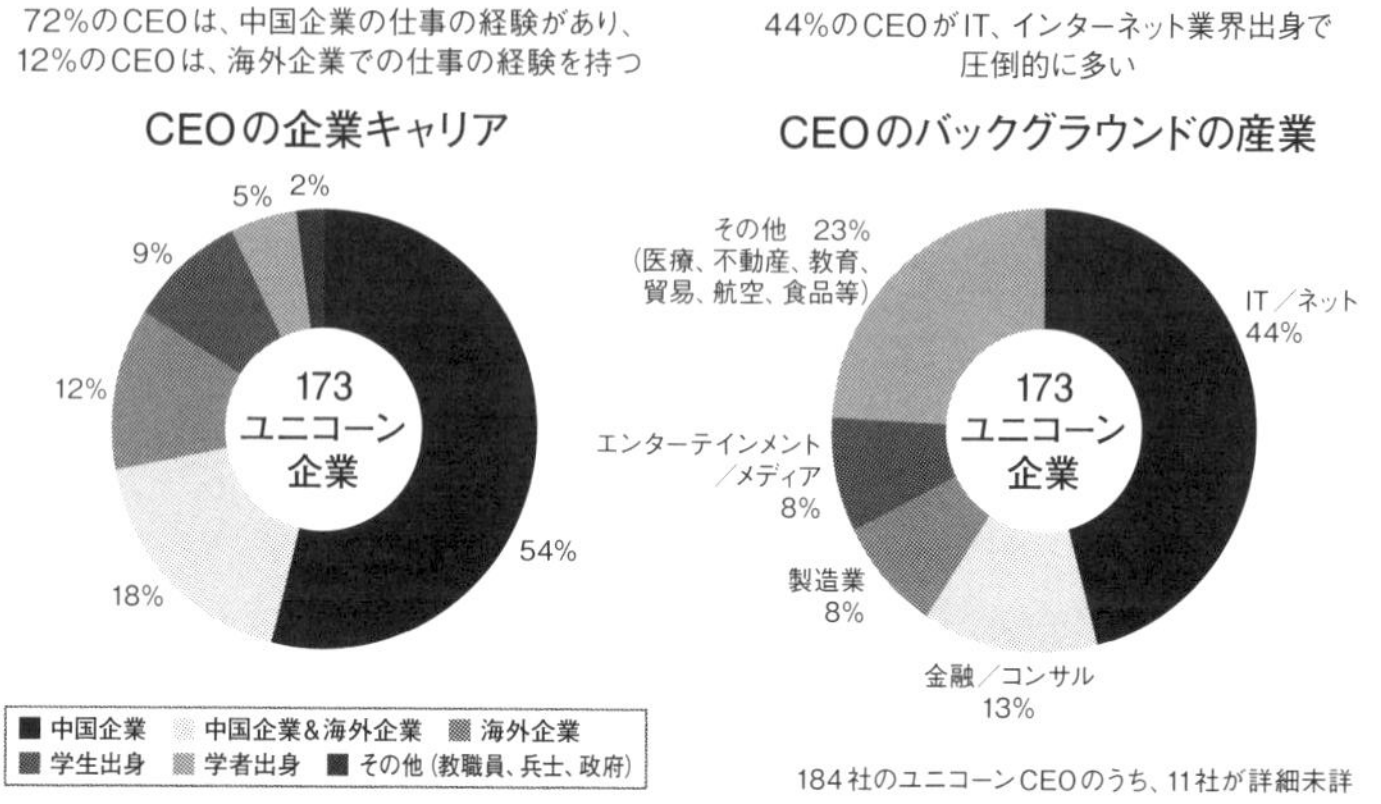

72%のCEOは、中国企業の仕事の経験があり、
12%のCEOは、海外企業での仕事の経験を持つ

44%のCEOがIT、インターネット業界出身で
圧倒的に多い

184社のユニコーンCEOのうち、11社が詳細未詳

©LEGEND CAPITAL

いう切り口では、ＩＴ・ネット系が最も多く、四四％です。

ＣＥＯの中で最年少は、大手漫画プラットフォーム「快看漫画」を運営する快看世界科技有限公司を立ち上げた一九九二年生まれの陳安妮（Chen Anni）氏です。ちなみに、彼女の会社は二億ドル以上の資金を調達しています。

反対に、最高齢は、一九六〇年生まれの江寧軍（Jiang Ningjun）氏で、五六歳のときにシーストーン（CStone 基石薬業）というバイオ技術の会社を設立し、四・一億ドルを調達しています。

外国人ＣＥＯも数名存在します。その中のひとりがルーファックス（Lufax 陸金所）の創業者であるグレゴリー・ギブ（Gregory Gibb）氏です。彼はアメリカ出身で、マッ

図5

中国ユニコーン企業が出現した背景と要因

市場	① 既存産業のインフラ立ち遅れ ② 様々な消費者層が共存する単一の言語市場
政策	③ 政府による主導的な産業支援
カネ	④ アリババ&テンセントのエコシステム強化のための積極投資 ⑤ 高いバリュエーションで投資しても収益が見込めるマーケット
ヒト	⑥ 絶え間ない人材の流入

ⒸLEGEND CAPITAL

キンゼーでは、中国金融機関の発展に関するプロジェクトを指揮していました。

中国ユニコーン企業が出現した背景と要因

なぜ中国でユニコーン企業が一八四社も誕生したのか。その要因を「市場」「政策」「カネ」「ヒト」という四つの側面から説明していきます（図5）。

1. 市場

ユニコーン企業が数多く生まれている金融、エンターテインメント／メディア、eコマースの領域は、既存産業のインフラが立ち遅れていたため、その分発展の余地が大きかったといえます。

①既存産業のインフラの立ち遅れ

たとえば、中国の金融業界は国営企業が中心です。そのため、もともと競争原理があまり働かない業界でした。国民一人あたりのクレジットカードの保有率も、韓国が三・六枚、イギリスやアメリカが二・二枚なのに対し、中国は〇・四六枚とかなり低く、クレジットカードを所持している人の割合も、中国はわずか二割という状況だったのです。

まさに、オンライン・モバイルのフィンテックサービスが、ECプラットフォームを中心に急激に成長するには、もってこいの環境だったといえます。

中国のGDPは約一二・三兆ドル、モバイル決済金額はこの一・五倍、そして、その九五%のマーケットシェアを占めているのが、アリババの「アリペイ（支付宝 Alipay）」とテンセントの「ウィーチャットペイ（微信支付 WeChat Pay）」です。

エンターテインメント／メディア業界もかなり後れていました。もともと中国の若者はほとんどテレビを観る習慣がありません。その理由ははっきりしていて、番組がおもしろくないからです。中国のメジャーテレビチャンネルのほとんどが国営企業で、政府のプロパガンダばかりですから、それも仕方がないといえます。

その結果、人々のエンターテインメント需要を満たすために、アリババやテンセントのような会社が投資をして、民営コンテンツ産業が発展したのです。

最後にeコマースですが、日本にはコンビニが全部で約五万六〇〇〇店舗あります。これに対し、中国は約一〇万店舗です。人口が日本の一〇倍以上あるのにもかかわらず、コンビニの店舗数は二倍にも届かないのです。しかも、中国には標準化されたコンビニブランドがありません。つまり、eコマースの成長機会が十分にあったのです。

中国のECの規模は、GDPの八・七%にすぎません。今後はさらに伸びると思われます。

②様々な消費者が共存する単一の言語市場

中国は様々な消費者層が共存する市場であるということも、有利に働いたといえます。

中国三一省の住民の平均可処分所得を比べてみると、所得最上位である上海、北京、深圳、広州の一級都市と、最下位の都市では、四倍近い開きがあるのです。

ちなみに、私が興味深く感じたのは、大都市と田舎では流行っているAPP（アプリ）が違うということです。一級都市はショッピング、消費、移動、O2O、二級都市はゲーム、コンテンツ、O2Oが中心なのに対し、三級都市以下はゲーム、コンテンツの割合が高くなっています。それからキーボードAPPも、三級都市以下では人気ですが、これは英語のキーボードが打てない人が田舎には多いからです。

ホイトンダー（Huitongd 匯通達）は、そんな農村部をターゲットにした家電サプライチェーンネットワークのユニコーン企業です。ここにはアリババも六億ドル以上投資しています。また、中国が単一言語であるという点も、ユニコーン企業が生まれやすくなる重要な要素です。

インドにも一三・四億人という、中国の一三・九億人に匹敵する巨大な市場が存在します。しかし、中国のようにユニコーン企業が続々と誕生しているわけではありません。その最大の理由は、言葉が大きな障壁になっているからではないでしょうか。

中国は人口の九二％が中国語（北京語、いわゆる普通話）を使用する漢族です。そのほかにも五五の少数民族が存在しますが、自民族の言語のほかに、共通言語として普通話を併用しています。

これに対し、インドには法定共通言語が一八もあります。そのため、面積や人口がいくら巨大でも、ひとつのマーケットとして見るのが難しいのです。

私の知人が幹部を務めているシャオミ（Xiaomi 小米）という会社が、二〇一八年にシェアチャット（ShareChat）というインドのユニコーン予備軍に投資をしました。ここはインド現地市場をターゲットにしたSNSのプラットフォームを開発、運用している会社です。

このサイトを訪問してみると、最初に「あなたの言語を選んでください」と、ヒンディー語やベンガル語といった一八の選択肢が提示されます。ヒンディー語を選んだら、ヒンディー語のSNSサイトに入れるという仕組みになっているのです。

このように、常に一八の言語に対応しなければならないため、インドではなかなか中国のような規模感を出すことが難しいのです。

2. 政策

グーグルのエリック・シュミット元会長が述べているように、中国は今、国を挙げてAI産業を支援しています。

それだけではありません。中国政府がAI企業の最大の顧客になることもあるのです。ハイクビジョン（Hikvision 海康威視）という、監視カメラを製造している会社は、時価総額が約五兆円です。なぜこれほどの時価総額かというと、中国公安局や地方政府が監視カメラをこの会社から大量に買っているからです。

また、顔認証技術で中国トップをいく「Face++（フェイスプラスプラス）」を開発したメグビー・テクノロジー（Megvii 曠視科技）も、中国政府から三億ドルの投資を受けています。

AIチップ開発も、中国科学院が民間資本と共同でAI産業ファンドを設立し、AIチップ企業主要六社のうち、三社に投資をしています。

電気自動車（EV）に関しては、中国政府は消費者向けに購入補助金をはじめ、さまざまな優遇政策を実施しています。たとえばシャオペン（Xpeng Motors 小鵬汽車）のSUVは、オリジナルバージョンは二二・七八万元ですが、補助金申請後では一三・五八万元です。二〇一七年には、中国中央政府と地方政府は電気自動車の補助金で、合計約七七億ドルを支出しています。

公共交通機関に関しても、深圳市、広州市、北京市では中国政府が補助金を提供してバスやタクシーの電力化を進めています。

当社が投資をしている電気自動車メーカーのバイトン（BYTON 拜騰汽車）にも、中国中央政府と南京政府が二億ドルの工場建設支援金が拠出されました。

さらに、BYD（比亜迪）やCATL（寧徳時代新能源科技）が電気自動車用バッテリーの分野で世界的な規模になれたのも、中国政府の補助金の恩恵だといえます。

3. カネ

テンセントは、四〇のユニコーン企業に合計九一億ドルの投資をしています。もともとゲームのようなBtoCに強い同社は、BtoBを強化するために積極的に投資をしているのです。

ライバルのアリババも、二七のユニコーン企業に合計二〇七億ドルの投資を行っています。AIや、出前アプリのウーラマなどをグループに取り込んでエコシステムをつくり、もともと強いeコマースをさらに強化するのが狙いです。

二〇一六年以降にアメリカ証券市場に上場した中国企業のうち、三五％がユニコーン企業です。また、アメリカ株式市場に上場した中国ユニコーン企業一九社のうち、一四社の上場時公募価額が上場前最終ラウンドのバリュエーションを上回っています。

ユニコーン企業は一般的にバリュエーションが高いので、投資家にとっては実はリスクが大きいのです。しかし、アメリカ株式市場では一九社中一四社がリターンを出しているのを見て、多くの投資家が次なるユニコーン企業を探しています。

では、上海、深圳、香港の株式市場ではどうなのでしょう。こちらは一七社のうち九社が上場前最終ラウンドのバリュエーションを上回っています。

二〇一八年にグローバルＩＰＯ市場で最も規模が大きかったのは、ニューヨークのナスダックではなく香港でした。香港証券取引所は、中国ハイテク企業の上場誘致のために、二五年ぶりの規制変更を行い、売上がなくても上場できるような仕組みを取り入れました。その結果、シャオミやメイトゥアンディエンピン（Meituan Dianping 美団点評）といった中国トップのユニコーン企業が、香港取引所を上場市場として選ぶようになったのです。

4. ヒト

中国でユニコーン企業が多数誕生するもうひとつの理由が、豊富な人材です。非常に優秀な

図6

日米中の年間創業企業数の推移（2010~2017）

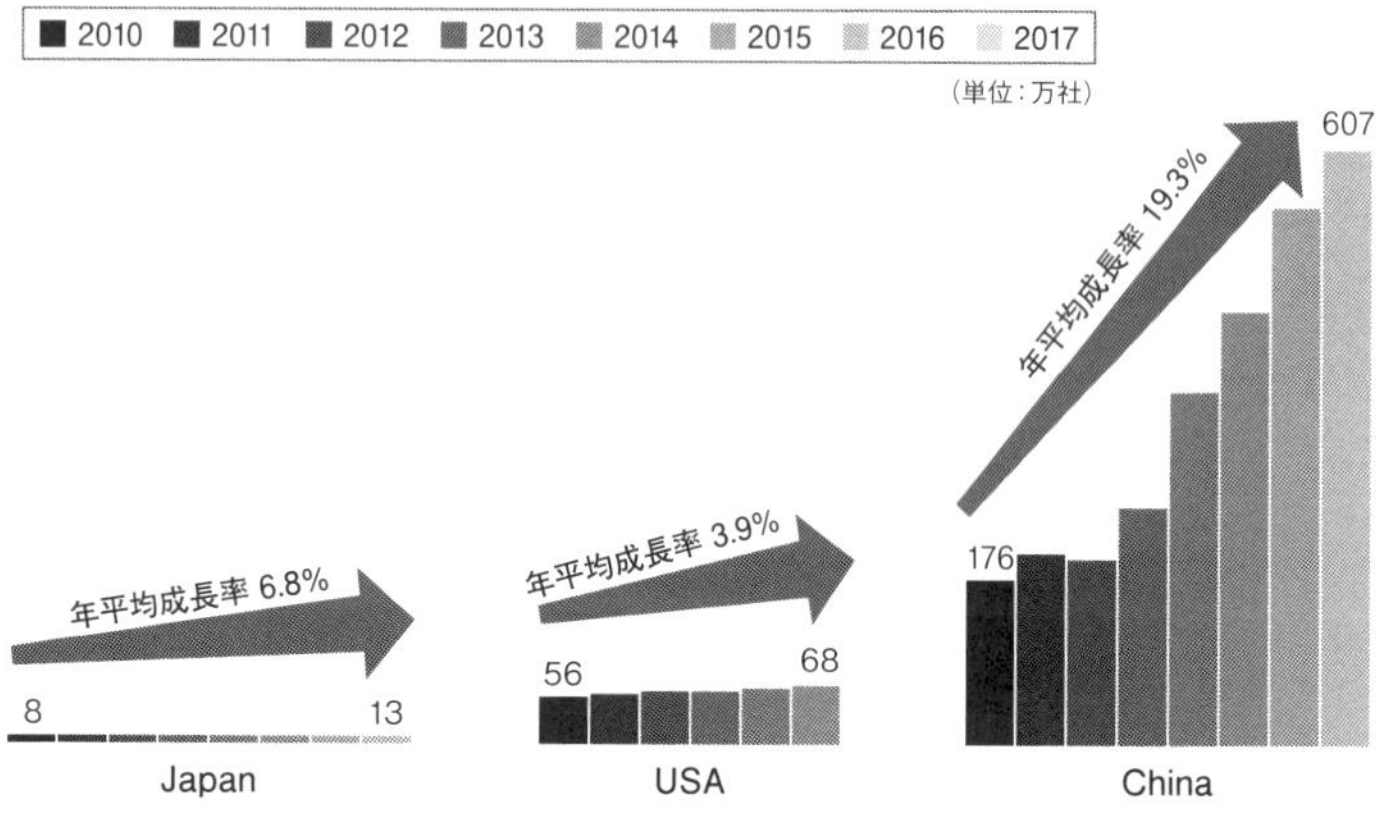

©LEGEND CAPITAL

人たちが創業者を目指し、絶え間なく流入してきています。

また、李克強《りこっきょう》首相も、清華大学で行ったスピーチで「大衆創業、万衆創新（大衆による創業、万人によるイノベーション）」というスローガンを掲げ、起業家を目指す多くの学生にエールを送っています。

実際、大学卒業生のうち、三%にあたる二四万人が、卒業後、創業にチャレンジしています。

それから、中国では二一世紀になってから海外に留学する学生が年々増えており、その数は二〇一〇年以降、年平均四〇万人を超えています。そして、そのうちの八割近くが中国マーケットに戻ってきているのです。

二〇一七年には、六〇〇〇万社の新しい企

図7

中国ユニコーン企業の3分類

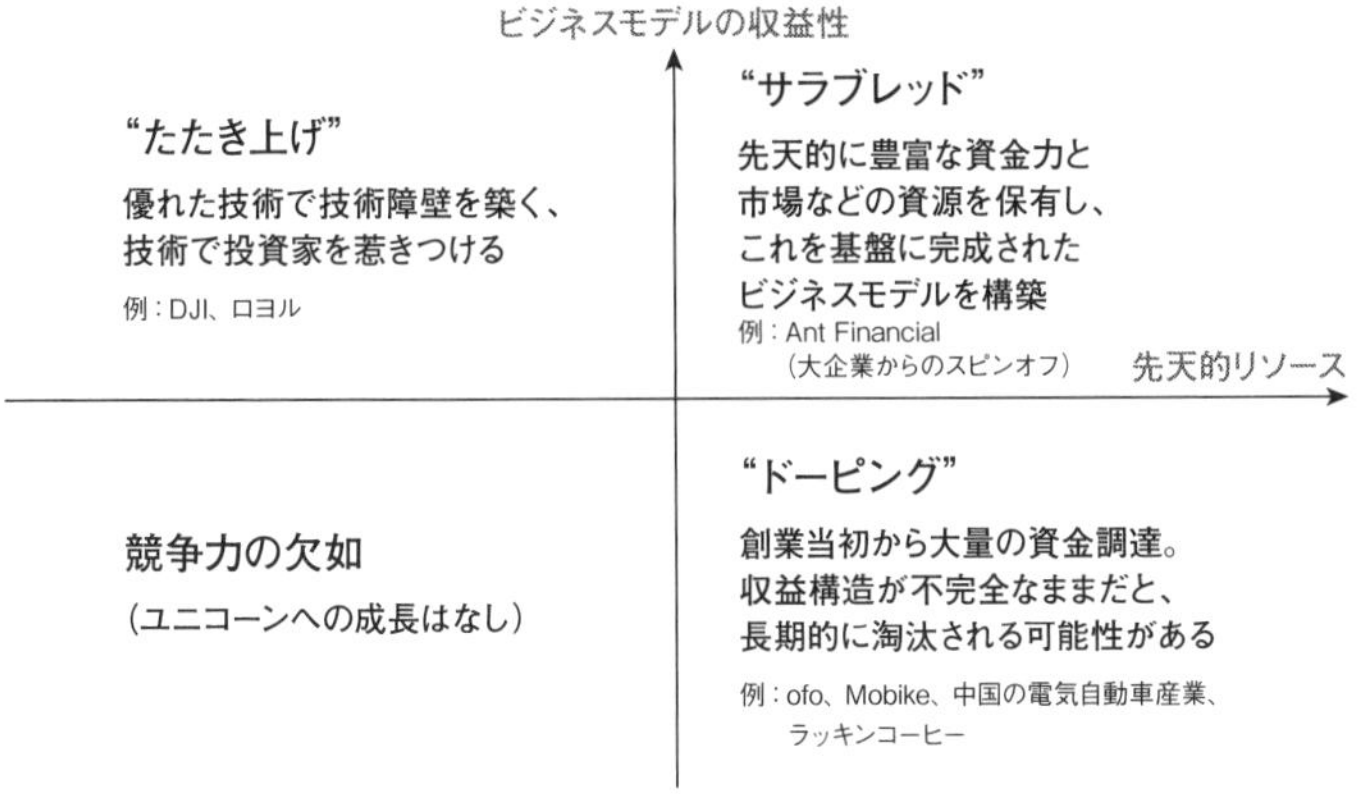
ビジネスモデルの収益性
先天的リソース
"たたき上げ"
優れた技術で技術障壁を築く、
技術で投資家を惹きつける
例：DJI、ロヨル
"サラブレッド"
先天的に豊富な資金力と
市場などの資源を保有し、
これを基盤に完成された
ビジネスモデルを構築
例：Ant Financial
（大企業からのスピンオフ）
競争力の欠如
（ユニコーンへの成長はなし）
"ドーピング"
創業当初から大量の資金調達。
収益構造が不完全なままだと、
長期的に淘汰される可能性がある
例：ofo、Mobike、中国の電気自動車産業、
ラッキンコーヒー

ⒸLEGEND CAPITAL

業が中国国内に誕生しました（図6）。一日あたり一・六万社が起業しているのです。

中国ユニコーン企業の成長とその意義

ユニコーン企業の中でも「本格派」のユニコーンとは、どういうものなのかを考えてみたいと思います。

現在ある中国のユニコーン企業を、縦軸を「ビジネスモデルの収益性」、横軸を「先天的リソース」とするマトリックスで分類してみると、三つの象限でユニコーン企業が誕生していることがわかります（図7）。

1.「たたき上げ」

ここに入るのは、アメリカのシリコンバレーに多く存在するような、技術的な優位性をもっている企業で、ＤＪＩやロヨルが該当します。

2.「サラブレッド」

もともと豊富なリソースをもっていて、それらを基盤にビジネスモデルを構築している企業です。たとえば、アリババ系列のアント・フィナンシャルやネットイース（NetEase 網易）、バイドゥのような大手インターネットの大企業からのスピンオフ組はここに入ります。ユニコーン企業の資金調達総額トップ10のうち、四社が既存大企業からのスピンオフ組です。

3.「ドーピング」

創業当初から大量の資金を集めているものの、収益構造が不完全のため、そのままでは淘汰される可能性のある企業です。創業一年でユニコーンになった企業五社を調べてみると、四社がこのカテゴリーに入りました。

当社が投資している電気自動車のバイトンも、投資した時点では五〇億円のバリュエーションしかなかったのですが、その後、地方や中央政府から多額の補助金が入ってユニコーン企業になったという経緯があります。当社にとってはよかったものの、将来にわたってこれが続くかどうかは疑問だといわざるを得ません。

ドーピングに分類されるユニコーン企業の典型的な失敗例がオッフォです。同社は、北京大学で始めた自転車のシェアリングサービスを中国全土に拡大すると、さらに世界にも進出しました。そして、なんと二五億ドルもの資金調達に成功したのです。

しかし、当初から、「自転車を三〇分貸し出して、一元（約二〇円）」という収益性の低いビジネスモデルで成長し続けられるのか、多くの人が疑問に感じていました。オッフォは、競合との差別化を図るために、資金の大半をマーケティングに使いましたが、収益力が弱かったため、投資効果が出る前に資金が尽きてしまいました。二〇一八年一二月、裁判所はオッフォに「消費制限令」を出しました。現在も一八〇〇万人のユーザーが同社にデポジットの払い戻しを求めています。

モバイクも、オッフォと同様のビジネスモデルでした。ただ、早いうちにメイトゥアン・ディエンピンに会社を売却し、創業者も投資家もともに利益を手にすることができた点が、オッフォと違うところです。

このように、ドーピングセクターのユニコーン企業が生き残るための手段として、「継続的なファイナンスの維持」はきわめて有効です。しかしながら、収益性を高めないと、結局失敗する確率は高いといえます。

ディディもドーピングセクターの企業です。二二〇億ドルを調達しているものの、毎年巨額の赤字を出しており、現在リストラを進めています。同社は収益性を強化するために、金融部門を設立しました。また、AIラボを設立し、言語処理や地図エンジンなどの技術を研究して、新たなサービスを提供することでも収益化を図っています。

中国ベンチャー市場で連続起業家のアドバンテージが拡大

中国ユニコーン企業一八四社のCEOのうち、二三％が起業経験者というデータからわかるように、中国ベンチャー市場では、前に起業したときの経験や人脈を活かせる連続起業家が、圧倒的に有利だといえます。

電気自動車のシャオパン（Xiaopeng　小鵬）の創業者である何小鵬氏は、二〇〇四年に設立したUCウェブ（UC Web）を、二〇一四年にアリババに売却しています。その関係で、彼がシャオパンを立ち上げたときは、アリババとシャオミがともに出資を名乗り出て、その結果、わずか二年で一三億ドルを集めることができたのです。

応書嶺（Ying Shuling）氏も、かつて自分が立ち上げたCMGE（China Mobile Game and

Entertainment　中国手遊）をIPOさせた経験があったからこそ、現在のヒーローエンターテインメント（Hero Entertainment 英雄互娯）を設立する際、半年で三〇〇億円の調達が可能だったといえます。

中国スタートアップ企業のグローバル展開が加速

近年、中国のスタートアップ企業のグローバル化が加速しています。

二〇〇六年に深圳で創業した携帯電話会社のトランシッション（Transsion 伝音）は、アフリカ携帯電話市場の三割を取っています。最初からアフリカにターゲットを絞り、現地のニーズを研究して商品開発をするという戦略が功を奏したといえます。

イエンシュエン（Yanxuan 厳選）は、中国ITコングロマリットのネットイースからスピンオフを予定している会社です。ODM（Original Design Manufacturing）の中国大手メーカーと提携し、設計した日用品を販売しています。「カルバン・クライン」や「サムソナイト」といったブランド品を製造している工場から製品を仕入れ、ブランドのプレミアム性を排除した商品にして安く売っているのです。今後は中国国内にとどまらず、韓国展開も視野に入れています。

次世代のユニコーン企業も中国に存在する

ピンドゥオドゥオ（Pinduoduo　拼多多）は、アリババやジンドンといった既存大手企業が市場を寡占する中にあって、二〇一五年の設立後、わずか三年で時価総額三兆円になったeコマースの会社です。

三～五級都市に住んでいる価格に敏感な消費者をメインターゲットに設定し、「ウィーチャット」で安く共同購入するというモデルが支持されて急成長しました。二〇一七年から二〇一八年にかけて、なんと四倍以上も成長しています。

もうひとつ、成熟市場に新たな商機を見出した例が、貴州茅台酒（Kweichow Moutai）です。二〇一三年に習近平氏が国家主席に就くと、反腐敗清算運動の一環として、三つの贅沢消費（公務員の過剰な海外出張、公務のための高級車の購入、公務員の過度な接待）を制限しました。そのため、接待に用いられる白酒の代名詞であるマオタイ酒の価格は一気に下落しました。二〇〇八年から二〇一一年にかけて三割以上伸びていた売上も、二〇一二年から二〇一五年にかけては一桁成長と、すっかり勢いを失ってしまったのです。

ところが、二〇一五年から二〇一七年は、三七・二％と再び勢いを取り戻しました。なぜそんなことが起こったのか調べてみると、いろいろ興味深いことがわかってきたのです。

貴州茅台酒には、二〇一二年以前はひとつのブランドしかありませんでした。しかし、規制後はこれではやっていけないと、それまでのグローバルブランドの下に、ちょっと値段の安い三つの新たなナショナルブランドをつくり、その下にさらに安価で三つの地域ブランドをつくるという「一三三戦略」を実施。加えて、サブブランドの販売チャネルを全国に三三三カ所設けたのです。

その上で、グローバル戦略を進め、ヨーロッパ、アメリカ、オーストラリアなどの免税店に、マオタイ酒を販売するチャネルをつくりました。

この結果、それまで販売量の七割が政府・公共機関の宴会や接待用だったのが、二〇一七年にはその割合は二割まで下がり、代わりにビジネス用と個人消費が八割というふうに変わったのです。

現在ではマオタイ酒は、時価総額が一六兆円。世界で最も価値の高い酒類ブランドに成長したのです。

中国にはすでに巨人企業がマス市場を独占していますが、一方で、依然として新たな市場も継続して生まれつつあります。つまり、今後もユニコーン企業が誕生する余地はいくらでも残されているということです。

【質疑応答】

Q1　私は会社でCVC（コーポレート・ベンチャーキャピタル）ファンドの責任者を務めているが、中国のスタートアップ企業は相対的にバリューが高すぎる気がする。

パク　韓国や日本と比べると、中国のスタートアップ企業のバリュエーションが高いのはそのとおりです。理由はいくつか考えられますが、国土が広いのも、そのひとつでしょう。中国では、ひとつの省で成功すると、他の省でも展開できます。だから、ニッチなマーケットの商品であっても、すぐに大きくなれるのです。

Q2　御社がスタートアップ企業に投資する基準は何か。

パク　当社では三つの評価基準があります。

一つ目は、「市場の成長性」です。たとえば、二〇一一年には、多くのモバイルゲーム関係の会社に投資をしました。当時は、ＰＣに比べて単純なモバイルゲームはあまり注目されていませんでした。しかし、私たちは、「これからスマートフォンが普及すると、ＰＣの複雑なゲームを経験していない人々がスマホのモバイルゲームから始めるはずだ」と判断し、投資することにしたのです。

二つ目は、その会社がどれだけユニークなものをもっているか。いわゆる「バリュー・プロポジション」です。

三つ目は、「マネジメントのバックグラウンド」です。食品のｅコマースなら、食品業界のサプライチェーンをよく知っている人と、ｅコマースに精通している人との組み合わせがあるかどうかといったところです。

Q3　投資した後は、その会社にどのように関与するのか。

パク　当社はあくまでベンチャーキャピタルであるため、プライベートエクイティのように会社を丸ごと買って経営陣を派遣するようなことはしません。ただし、ボードメンバーになって、四半期ごとの取締役会（ボードミーティング）に定期的に参加します。アドバイザーの立場として会社の役に立つ情報を提供したり、会社の成長に必要な人材を紹介するといった、付加価値（Value add）のある活動を行っています。

Q4　中国の場合、どのような人や機関がスタートアップ企業のバリュエーションを行うのか。

パク　決まったバリュエーションの手法はありません。アーリーステージでは、まだ財務的数字でバリュエーションすることはできないので、投資先のCEOと話し合って、このぐらいの金額でこれぐらいの出資比率で投資となるケースがほとんどです。

グローステージの場合は、売上も収益もありますから、ディスカウントキャッシュフロー法や、上場している会社の株価とベンチマーク指標で計算できます。

Q5　日本企業が中国に進出する際、何に気をつけたらいいか。

パク　日本には日本の強みがあるので、そこを積極的にアピールするといいでしょう。

中国市場に入っていくために、まずローカルパートナーを見つけるというのは正しい方法です。だからといって、日本に留学している中国人を採用したら間違いないというわけではありません。なぜなら、長く中国を離れている留学生は、本国ではメインストリームではないからです。日本語が通じるという意味ではたしかに便利ですが、それ以上に現在の中国をどこまで理解しているかが重要だといえます。

Q6　どのくらいの数の投資をしているのか。また、成功率はどの程度か。

パク　これまで四三〇社に投資をして、成功したＩＰＯが七五社、Ｍ＆Ａが六〇社。成功確率は約三〇％です。一方で、投資資金がゼロになるという失敗も一五％くらいあります。

Q7　中国の投資環境はシリコンバレーと比べるとどこが違うのか。

パク　シリコンバレーのベンチャーキャピタルは、かなりテック系に集中している気がします。それからエアビーアンドビーやウーバーのような既存の産業を覆すだけの可能性をもっているベンチャー企業も好まれるようです。

一方、中国では、消費者を変えたｅコマースや、農村部に絞ってサプライチェーンを提供するベンチャー企業のような、伝統産業に近い領域のスタートアップ企業に投資が集まっています。

中国は人口が約十四億人と巨大なので、ひと口にイノベーションといっても簡単ではありません。それよりも市場の大きさを利用し、すでにあるものを使って早く売上をつくるという手法のベンチャー企業が多いからだと思います。

Q8　中国では政府系ファンドが入るケースもあるようだが、脅威に感じることはないのか。

パク　政府系ファンドはたしかに脅威です。ディディもCラウンドで政府系ファンドが入りました。しかし、これは政府のお墨付きのようなものですから、投資先にとってもありがたいのです。なので、当時ディディは他からの出資を全部断り、政府系ファンドからのみ資金を入れました。

Q9　中国で投資する際は、政府の情報を入手するパイプや仕組みが重要だというのは本当か。

パク　ある意味で本当です。当社も以前、位置情報を利用したメッセージサービスを空港周辺で展開する企業に投資し、当初はすごく好調でしたが、政府が突然、このメッセージサービス事業をチャイナモバイルの独占にしたため、結局その会社はつぶれてしまいました。事前にその動きを知っていれば、もちろん投資はしませんでした。
だからといって、ロビイストを雇って前もって情報を取るというのも、中国では困難です。そのあたりは政治家の友人がいるといった、個人レベルの情報収集能力ではないでしょうか。

Q10　中国では一日一万六〇〇〇社のベンチャー企業が誕生しているといわれたが、その中から投資先を選ぶのは至難の業ではないか。

パク　一万六〇〇〇社といっても、そのすべてがDJIやロヨルのようなベンチャー企業ではありません。ネットモールの「タオバオ」に店を開くのも中国では創業なのです。個人事業の会社は、当然我々の投資対象にはならないので、投資先は自ずと絞られます。ちなみに中国政府が人々に創業を促している背景には、失業率の改善があります。失業者が増えると社会が不安定化することを政府は恐れているのです。

（二〇一九年三月二日「ATAMI せかいえ」にて収録）

第三章

中国経由、アジアナンバー1の動画メディアへ

森川 亮

PROFILE

森川 亮

Ryo Morikawa

C Channel株式会社 代表取締役社長

1967年生まれ。1989年に筑波大学卒業後、日本テレビ放送網に入社。1999年、青山学院大学大学院国際政治経済学研究科修士課程を修了し、MBA取得。その後、ソニーに入社。2003年、ハンゲームジャパンに入社し、取締役を経て、2006年10月、取締役副社長に就任。2007年10月、NHN Japan(ハンゲームジャパンより商号変更)代表取締役社長に就任。同年11月、ネイバージャパン設立に伴い、ネイバージャパン代表取締役社長を兼務。2013年4月、NHN Japanの商号変更により、LINEの代表取締役社長に就任。2015年3月、同社代表取締役社長を退任。同年4月、C Channel代表取締役に就任。2020年5月、C Channelは東京証券取引所 TOKYO PRO Marketに上場。

経営陣の略歴

最初に、私と経営陣の略歴を簡単に紹介します。

私、森川亮は、筑波大学でコンピュータ工学を専攻し、卒業後は日本テレビに入社し、約一二年勤務しました。仕事の内容は、半分がエンジニア、残りがインターネットや衛星放送、それから新規事業の立ち上げです。その後、ソニーに移り、トヨタ自動車と東急グループのジョイントベンチャーをつくって、動画配信事業を二年ほど手がけました。その後、ハンゲームジャパンに入社し、ネイバージャパン、LINEを設立しました。LINEの社長を八年務めた後、二〇一五年にC Channel代表取締役に就任し、現在に至ります。

次に、取締役の三枝孝臣は、私の日本テレビ時代の同期で『THE夜もヒッパレ』『ZIP!』『シューイチ』といった人気番組の制作にかかわっていました。

C Channelのサービスイメージ

当社は、女性向けの動画メディアを制作・配信する会社です。「美容」「食」「ファッション」といった女性が好むものをショートムービーで紹介するオンラインメディアで、日本だけでなく、アジアでも展開しています。

これからはスマートフォン動画の時代が来るのは間違いなく、そこで女性向けファッション雑誌の置き換えができるのではないかと考え、サービスを開始したのです。

日本テレビに在職中、CNNやMTVといった専門チャンネルがアメリカで誕生し、世界に広まっていきました。それを目の当たりにしていたため、「同じような革命が、今度はスマートフォンで起こる」という確信があったのです。

「トレンドを生みだす世界No・1コミュニケーションメディアを目指す」。これが当社のビジョンです。

二大事業「メディア」と「eコマース」

当社は「メディア」と「eコマース」の二大事業を運営しています

メディア事業の中心となっているのが、一〇代後半から二〇代の女性、いわゆるF1層をターゲットにした「C CHANNEL」です。ここではネイティブ広告やアドネットワーク、インフルエンサーマーケティング事業などを行っています。

このほかにも、ママ向けメディアである「mamatas」、エンタメ動画応援アプリ「mysta」があります。

もともと、「若い女性に商品を紹介したい企業に広告を出稿してもらう」というスタイルで展開を考えていました。しかし、クライアントにしてみれば、動画で商品を紹介すれば、認知や理解は高まるものの、それが実際の購買につながるのかというところは、どうしても不安なわけです。

そこで、動画と連携したイベントを企画したり、動画を通じて得られたデータを解析して、それを商品開発に活かしたり、開発した商品をECで販売したり、といったことも一緒に行うようにしました。また、インフルエンサーの育成にも積極的にかかわっています。

このような「商品の認知・理解から購買までを、マーケティング、ソリューションとして展開する」ことを、日本だけでなく他のアジア諸国でも行っています。

アジアで展開といっても、「どうせほんの少しやっているだけだろう」と思う人がいるかもしれませんが、決してそんなことはありません。とくに台湾、タイ、インドネシアに関しては、都心部の女性の認知が三割を超えており、現地でもかなり強いパワーをもったメディアになっています。

以上のことから、自社の商品が受け入れられるかについて知りたい場合は、当社がクライアントと一緒に商品動画を制作し、一斉に配信して、ユーザーの反応を見ながら、「この地域では、反応はこうです」「こういうクリエイティブが受けています」といった、きわめて有効なアドバイスをすることが可能です。

自社の強み

当社のメディア事業には、以下の四つの強みがあります。

1. 視聴性の高い縦型動画メディア

二〇一五年の段階で、「スマートフォンは縦長だから、動画も縦長のほうが見やすいはず」という判断を下し、縦長動画を制作することにしました。しかし、当時はまだ横長の画面が一般的だったため、縦長に対する制作サイドの抵抗感が強く、採用したクリエイターの半分が辞めてしまいました。現在、ようやく時代が私たちに追いついてきたようで、SNS上に流れる動画の半分以上が縦長のものになっています。

2. 女性の関心が強い多ジャンル展開

料理だけとか、メイクアップだけとか、特定のジャンルに強いメディアはあっても、私たちのようにファッションや恋愛からDIYまで、様々な動画を展開しているところはあまりありません。

3．エンゲージメントの高いコンテンツメディア

ここでいうエンゲージメントとは、ＳＮＳ上の「いいね」とか「シェア」とか「コメント」などを指します。かつては「テレビを観る」といったら、お茶の間に設置されたテレビの前に座って、画面に集中するというのが一般的なイメージでした。しかし、現在は、テレビを観ながらスマートフォンやタブレットも操作する、マルチな視聴スタイルが増えてきています。その結果、昔のように「何人観たか」という指標はあまり意味をもたなくなり、代わりに「観た後、どれだけエンゲージしたか」が重要になってきています。

だから、私たちも、「どれだけの人がエンゲージメントしたか」や「どうすればエンゲージメントが高められるか」に力を入れているのです。事実、フェイスブックやインスタグラムで、「CHANNEL」のエンゲージメントはトップという結果が出ています。これは不思議でもなんでもありません。ちゃんと理由があるのです。

まず、動画のつくり方が違います。テレビでもネットでも、ＣＭはたいてい早送りされたり、スキップされます。制作費を何千万円もかけているのに、そうなってしまうのは、その動画が見る側にとって何の意味ももたないからです。これに対し、私たちの「HOW TO」というフォ

ーマットでつくられた動画には、学びがあります。それを見ることによって、知識が増えたり、成長できたりするのです。また、課題や悩みの解決となるようなつくり方をしています。だから、ユーザーは単なる広告と違って、見ようという気になるのです。

クライアントが広告代理店に動画制作を依頼する際、最近は「バズる動画をつくってほしい」というオーダーが多いということを耳にしました。「バズる」とは、話題になるということですから、クライアントがそう希望する気持ちはわからなくはありません。しかし、バズッたからといって、それが商品の訴求につながるわけではないのです。

その点、当社の「HOW TO」形式動画は、繰り返し見てもらえるため、そのぶん、商品へのリーチ率が高くなります。実際、ヘアアレンジでは七〇%、料理では五〇%、メイクアップでは三五%の視聴者が行動に移しているのです。

それから、「C CHANNEL」では、「クリッパー」と呼ばれるインフルエンサーを起用しています。今の若い人は、有名人が化粧品を紹介しているCMを観ても、「高額の出演料をもらっているから出ているのだ。どうせ自分では使っていないだろう」と、裏側までわかっているので、広告効果はほとんどありません。あるいは、きれいな女優さんが出演していると、「メイクをしなくてもきれいなはずだ」と憤慨する人もいます。

その点、自分に近いインフルエンサーが紹介すれば、共感を得られやすいし、共感したものは自分でも試してみたくなるはずです。それで、当社では親近感のある「クリッパー」を五〇〇人以上起用しているのです。

彼女たちは、まさにネット上のカリスマです。従来のタレントを超えるパワーをもっているといっていいでしょう。

4. 国内最大のフォロワー数

私たちの世代では、「朝起きたら、テレビをつけてニュースを観る」というスタイルが一般的でした。これに対し、「最初にスマートフォンを起動し、SNS上のニュースを見る」というのが、今の若者のスタイルです。そうすると、SNSでいかに多く表示されるかや、友だちがどれだけ「いいね」をしているかが重要になってきます。

私たちは現在、F1層を中心に国内外二六〇〇万人以上のフォロワー数（二〇一九年三月時点）があり、SNS発信力ではトップです（注　二〇二〇年五月末時点　国内外フォロワー数三八三〇万人）。

メディア事業（C CHANNEL）

「C CHANNEL」はさまざまなプラットフォームを開発しています。

たとえば、今いちばん人気なインスタグラムにも、「再生の完了率が高い動画がおススメに上がる」といったアルゴリズムがあります。ただ動画をつくるだけでなく、そういうものを解析して、効果が出るようにしているのです。

メディアには、インターネット以外に、テレビ、ラジオ、新聞、雑誌などいろいろなものがあります。そこで商品を売りたいから広告宣伝を行うのですが、「売りたい」という気持ちが前面に出ると、どうしても消費者に逃げられてしまいます。まず、その商品の魅力や強みを理解してもらい、さらに共感を高め、どれだけ愛してもらえるかが重要なのだと私たちは考えています。

最初にHow toや課題解決で認知・理解を高め、次に、それが実際の売上につながるようインフルエンサーマーケティングをやったり、オフラインの店舗にインフルエンサーを呼んだり、EC展開をしたりする。そして、最後に「買いたい」という気持ちにさせる（図1）。この一連の流れを、私たちの場合は女性向けに特化して設計し、クライアントに提供しているのです。

eコマース事業

動画のECを始めたのは、「自社の商品を動画で紹介したい」というクライアントが増えていたことに加え、「動画を見た人が、その動画の商品をその場で買えたら、喜ばれるのではないか」と思ったからです。

図1

C CHANNELのメディア事業

C CHANNELコアユーザーに対して、購買ファネルをワンストップで提供
C CHANNELのソリューションをフル活用し、様々な切り口で商品メッセージを訴求することで、C CHANNELコアユーザーから態度変容を起こす

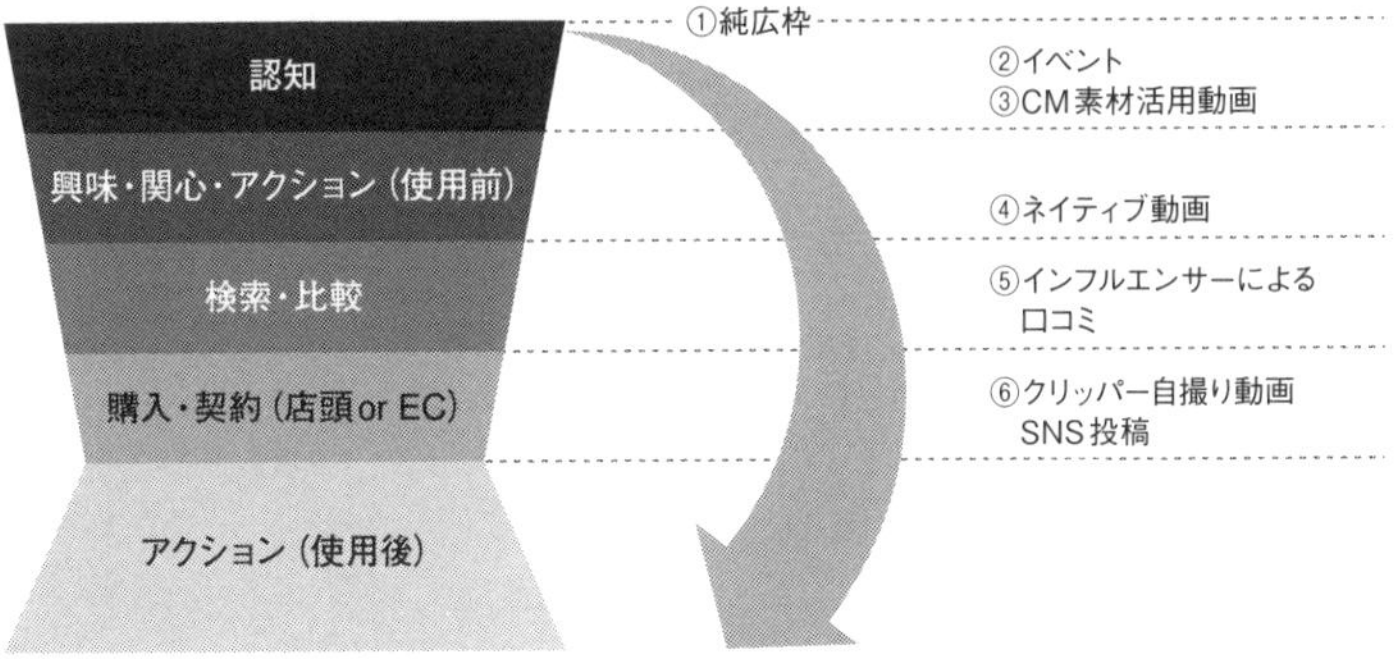

©C Channel Corporation

最初に扱ったのが「フラワーリップ」という商品です。これを動画で紹介したところ、コンテンツが話題となり、「いいね」「これ、ほしい」とSNSで拡散され、結果的にかなり販売実績が上がりました。

次に私たちが始めたのが、テレビショッピングの商品紹介です。テレビショッピングで紹介される商品の中には、いいものがたくさんあります。しかし、視聴者が高齢化しているため、売上は下がってしまっていました。そこで、若い人向けに商品価格を少し下げ、デザインも変えて販売したところ、かなり売れるようになりました。

それから、「インフルエンサーと連携してオリジナル商品をつくる」ことも行っています。オリジナル商品は利幅が大きく、より購買につなげやすいので、最近はオリジナル商品の比率が増えています。

最初から「これ」と決めてネットを検索し、いちばん安いものを買う。これが今までのインターネットショッピングでした。とくに男性はこういう購買行動をとる人がほとんどです。

一方、女性にとってショッピングは、ある種のエンターテインメントです。ウインドウショッピングのように、「見るだけでも楽しい」のが女性の感覚なのです。

また、ミレニアル世代は、単純にモノがほしいと思いません。「こういうライフスタイル」というのが先にあり、そこに共感したとき、「それにはこの商品が必要だ」と思うのです。したがって、彼らに対しては、ライフスタイルや世界観に連動したECが有効になると見ています。

アメリカではファッションやコスメに特化した、いわゆるバーティカルなECが伸びています。「ファッションはこういうところで探したいよね」「コスメだったらこんなレビューがほしいわね」というミレニアル世代に、アマゾンとは違うユーザー体験を提供できるという点が支持されているのでしょう。

自社店舗だと、どうしても「売りたい」という気持ちが前面に出るのは避けられません。その点、SNSで友だちや専門家がシェアしているものは、勧めているのが売り手でないぶん、信頼ができます。だから、私たちは、なるべくSNSでシェアされるような展開をしているのです。

すごく人気の動画の場合、コンバージョン率一〇%というものもあります。つまり、クリックした人の一〇%がその商品を買うのです。これは驚異的な数字だといえます。

図2

C Channelの海外展開

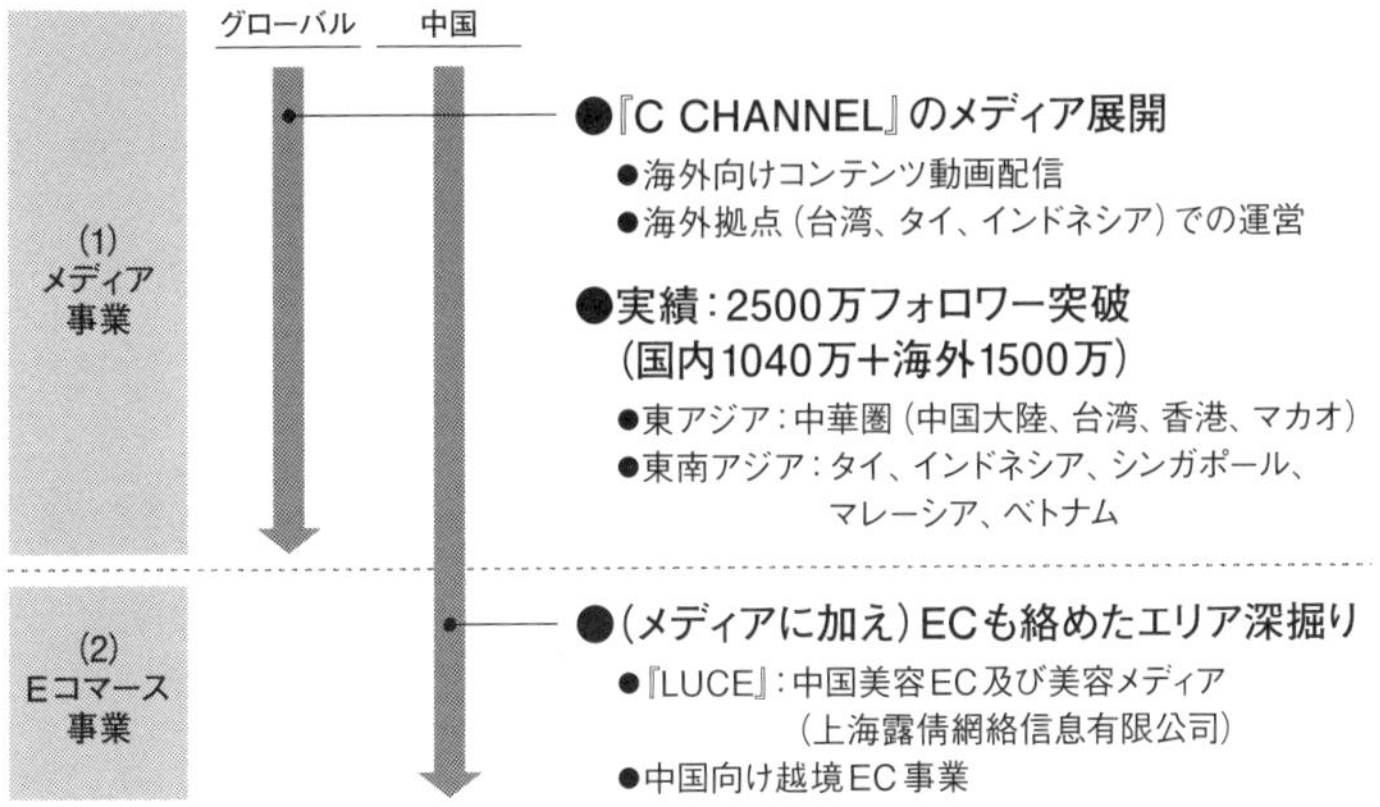
グローバル
中国
(1) メディア事業
(2) Eコマース事業
●『C CHANNEL』のメディア展開
●海外向けコンテンツ動画配信
●海外拠点（台湾、タイ、インドネシア）での運営
●実績：2500万フォロワー突破
（国内1040万＋海外1500万）
●東アジア：中華圏（中国大陸、台湾、香港、マカオ）
●東南アジア：タイ、インドネシア、シンガポール、マレーシア、ベトナム
●（メディアに加え）ECも絡めたエリア深掘り
●『LUCE』：中国美容EC及び美容メディア（上海露倩網絡信息有限公司）
●中国向け越境EC事業

©C Channel Corporation

ただ、商品によってシェアに向いているものとそうでないものもあります。化粧品と服なら、前者は向いているけど後者は不向き。服の場合は、同じものを友だちが買うと自分とかぶってしまうから、なるべくこっそり買いたい、だから服の情報はあまりシェアされないのです。

C Channelの海外展開

当社はアジアのSNSに力を入れています（図2）。国によって肌の色やファッションの傾向などが微妙に異なるため、現地のスタジオで動画を制作したり、日本で制作した動画をローカライズしたりしています。

その中でも、国民の所得が上がり、本物志向が強くなりつつある中国では、「日本製を買いたい」という人が増えています。とくに肌につけたり口に入れたりするものに関しては、日本製の人気が非常に高いといえます。

そこで、当社では昨年、「LUCE」（ルーチェ）という日本のコスメを中国で紹介したり、販売したりしているメディアの運営会社をグループ化しました。今はここが中国向け越境EC事業の拠点となっています。

中国以外は、フェイスブック、インスタグラム、LINEといったSNSでの動画展開が中心です。各国の一〇～二〇代女性の一〇～二〇%をフォロワーにして、魅力的なコンテンツでそこにリーチするということを目標にしています。

それから、動画に出演してもらうインフルエンサーのオーディションや育成も行っています。あと、イベントもけっこう重要なので、これにも力を入れています。

中国のようにEC化率の高い国では、ネットの展開が非常に重要です。しかし、東南アジア諸国では、週末にモールで買い物をするのが一般的という国も少なくありません。そういう国では、モールにポップアップショップがあって、なおかつそこでインフルエンサーがもう一押しするというのが、購買の決め手になるわけです。

だから、単純にネットだけで完結させるのではなく、ネットとオフラインを組み合わせて立体的にマーケティングすることも、併せて行っています。

また、日本企業がいきなりアジアに進出すると、騙されることもよくあります。その点、当社なら、日本語でビジネスができて、さらにマーケティングからECまでをアジア全域に展開するノウハウがあります。そこも強みだといえます。

中国での展開

中国に関しては、アジアの他の国・地域と違って、フェイスブックもインスタグラムもないので、微博（ウェイボー）や秒拍（ミャオパイ）といった中国のSNSや動画配信メディアに、日本や現地で制作した動画を配信しています。ECは、すでにグループに入っているLUCE、それからアリババや京東（ジンドン）を利用しています。

「LUCE」は、もともと日本人が経営している中国美容EC及び美容メディアです。中国向けに日本の化粧品メーカーのデジタル広告や、ECのコンサルティング、同じくECの運営委託業務などを行っています。

私たちもこれから越境ECの旗艦店の運営や、そこと連動したマーケティングなどを、そこと連動したマーケティングも、「LUCE」と組んで一緒に取り組んでいく予定です。

中国はEC化率が高いため、中国でビジネスする場合は「ECでどう売るか」をまず考えるのが基本です。日本企業は「最初にオフラインで売って、それからECで売る」という発想をしがちですが、中国ではうまくいきません。

では、中国でＥＣを成功させるにはどうすればいいのでしょうか。

日本だと楽天やアマゾンに出店する、あるいは自社でＥＣを立ち上げるというのが一般的です。ところが、中国では自分でＥＣサイトを立ち上げても、なかなか人は集まりません。理由ははっきりしています。とにかく怪しいサイトが多いので、みな個別サイトを信用しないのです。ですから、中国でＥＣを始めるなら、アリババの「Tmall」や京東といった大手と組む必要があります。

さらに、そこにトラフィックを集めなければなりません。もちろん「Tmall」や京東に広告を出すのもひとつの手です。ただ、金額はかなりします。それから、いわゆる「独身の日」（11月11日）に向けて、大手企業がかなり早くから枠を押さえてしまうため、空きがない可能性も高いのです。

そこで、重要になってくるのが「ＫＯＬ」（Key Opinion Leader）と呼ばれる中国のインフルエンサーです。そういう人たちをスカウトしたり育成したりしながら、そこからトラフィックを流すというのが一般的な手法です。

私たちが手伝う場合は、まず旗艦店を立ち上げ、次に「ＫＯＬ」からの流し込みを連携させ、現地でのＥＣの売上をつくっていきます。

中国でのＫＯＬスカウトと育成

日本では最近、「ユーチューバーになりたい」という若者が多いようですが、中国の若い女性がなりたい職業の第一位は「ＫＯＬ」です。実際、ＫＯＬのオーディションを行うと、毎回非常に多くの人たちが集まります。

一方で、「日本の商品を売る場合は、日本人が紹介したほうが信頼性が増す」というのもたしかです。

今後は、日本国内の双方でインフルエンサーを育成していく予定です。

パートナー企業とのシナジー

当社の顧客候補企業をいくつか紹介しておきましょう。

1．L&P Cosmetic

フェイスパックの売上が世界ナンバーワンの韓国企業です。「ＢＴＳ」という韓国アイドルグループとのコラボ商品をネット販売して、話題になりました。

2. ppb studios

フラッグシップブランド「Chuu」が世界的に有名な、韓国のオンラインファストファッション小売りブランドです。

日本のECの多くは、まだ価格訴求で売ろうとしていますが、世界を見ると、「コンテンツでブランディングする」「インフルエンサーでリードする」といった、SNS中心の方法がトレンドになっています。韓国や中国のECはそこが上手く、逆に日本はかなり後れているといわざるを得ません。

3. Jollychic

もともと中国の会社ですが、中東でECを立ち上げ、現在は中東ナンバーワンのECになっています。

4. 妃魚

女性ユーザーにターゲットを絞り、カバンやアクセサリーといったファッションアイテムを、KOLによる実況プロモーションを利用して販売しています。

5. 愛庫存（Aikucun）

中国におけるウィーチャットベースのオンラインS2b2c（supplier-business-consumer）小売りの有力企業です。

6．花巻

三・四級都市の女性をターゲットに、ローカル／海外両方のファッション・美容製品を販売する中国ＥＣです。

7．Star48集団

当社は「mysta」（マイスタ）という事業も行っています。これは未来のスターを応援するオーディションアプリです。

Star48集団はこの事業のパートナー企業で、日本のＡＫＢ48の中国版ＳＮＨ48をプロデュースしています。

8．ワジジワ（wajijiwa）

日本の秋元康さんのような中国の有名プロデューサー龍丹妮が設立したアイドルグループのプロダクションです。

9. Social Touch

中国におけるSNSマーケティングソリューションの代表的プレイヤーです。中国版サイバーエージェント的な存在です。

10. 愛奇芸（アイチーイー）

中国版ユーチューブ、中国版ネットフリックスともいうべき存在です。

レジェンド・キャピタルとのシナジー

レジェンド・キャピタルとは、「CEO Club」というイベントも開催しています。興味のある方はぜひ参加してみてください。

とにかく中国は市場が大きいし、元気な会社もたくさんあります。ただ、いきなり中国に行っても、つながりをつくるのはかなり難しいのも事実です。そういう意味では、「いかにして、そういう会社のトップと関係を築くか」が中国ビジネスで成功する上で重要だといえます。

日本のスタートアップ企業へのアドバイス

1. 海外市場は大企業だけのものではない

「人口が多くても、儲かりはしない」と、中国以外の東南アジアに進出することに意義を感じていない会社が日本には多いようですが、たいへんもったいないと思います。

私たちの知っている東南アジアの国々では、少なくとも上位層は日本人より所得が多いのが普通です。留学経験者も多く、エリートはみな二〜三カ国語を当たり前のように話します。つまり、ものすごい勢いで成長しているのです。だからこそビジネスチャンスがあるといえます。

すでにアメリカや韓国の企業が入ってきて、次々と市場を押さえています。日本企業も今出ていかなければ、手遅れになりかねません。

スタートアップ企業であっても、一点突破で成功できる可能性は大いにあります。

2. コピーを前提とした強みの設計を

オリジナリティに対するこだわりがものすごく強いのは、日本人の特徴です。しかし、海外ではその姿勢は時に逆方向に作用します。

それよりも大事なのはスピードです。オリジナルもいいですが、あまりにニッチすぎて時間がかかりそうだと思ったら、オリジナルは捨て、先行モデルをきちんとコピーし、さらにその上をいく商品やサービスを、スピード感をもって展開したほうが、成功の確率は高くなります。

3. 現地パートナーは大企業である必要なし

現地企業と組む場合、「資金力やブランド力があって安心だから」と大企業にばかり目が行きがちですが、それは賛成できません。相手が大企業だと、現場に権限がなく、プロジェクトがなかなか進まなかったり、立ち上げだけ手伝ってあとは協力してくれなかったりといったことがよくあるからです。

私はむしろ、「小さくてもスピード感があって、やる気のある企業をパートナーとすべき」と思っています。スピードや情熱が重要になる新しい事業を行う場合はなおさらです。

4. 海外ベンチャーキャピタルと「賢く手を組む」のも一手

ベンチャーキャピタルというと、資金調達だけと考えがちですが、決してそんなことはありません。

多くの現地の会社に出資しているベンチャーキャピタルは、自分たちが築いたコミュニティの中心にいるわけです。そして、出資してもらうことで、そのコミュニティに自分たちも加わることができます。そうするといろいろな情報が入ってくるし、現地のパートナーも見つけやすくなります。だから、大企業で当面の資金調達の必要はなくても、あえてベンチャーキャピタルに資金を入れてもらうことをお勧めします。

5．社長自身が陣頭指揮をとるつもりで

「とりあえず担当者を決めてやらせてみて、ダメだったら撤退すればいい」という程度の意識では、海外事業は成功しません。

同じアジアでも、国・地域によって、文化も歴史も経済基盤もすべて異なります。そういうところに進出して、何もないところから事業を立ち上げるのですから、相当な覚悟がなければうまくいかないのは当たり前です。

「成功事例がない」からこそ挑戦すべき

残念ながら、現在の日本から新しいビジネスが生まれる確率はものすごく低いと思っています。社内でもマーケットでも、何か新しいことを始めようとすると、日本では必ずこう聞かれます。

「成功事例はあるのですか」

これほどバカげた質問はありません。成功事例があるということは、すでに誰かが先行し、おいしいところは残っていないことを意味するからです。

つまり、「成功事例があるのなら、やってもいい」という発想をしているかぎり、そこから新しいものは生まれないのです。

最近はアメリカや中国のベンチャー企業が、アジア各国に続々と進出してきています。裏を返せば、アメリカ企業や中国企業よりも先に始めないと、アジアでは勝てないのです。

日本国内を見ても、ゲーム市場の上位はすでに中国企業がシェアを取っています。自国を守る意味でも、日本企業は成功事例のないことに挑戦しなければいけない。これが私の心からのメッセージです。

【質疑応答】

Q1　「C CHANNEL」の動画はどれくらいの長さか。

森川　ひとりの中高生がやりとりするLINEの数が、多い人は一日一〇〇〇を超えるというのが、今という時代です。とにかく情報が多すぎるため、テレビも録画して二倍速で観るなど、時間のコストパフォーマンスに誰もが敏感になっています。

したがって、動画も長いものは全部観てもらえません。だいたい最初の一秒で残りを観るかどうかを判断されてしまうので、制作する際は、全体の長さより、「いかに続きを見てもらえるか」にポイントを置いています。

Q2　「C CHANNEL」は二〇〜三〇代までの女性をターゲットにしているということだが、その内訳はどうなっているのか。

森川　中高生という括りがありますが、ここで流行ったものは飽きられるのも早いので、その上の大学生から社会人三～四年目という層を、私たちはメインターゲットにしています。

この時期の女性は、「自分は何を選べばいいか」といった不安感が強く、ニーズはけっこう共通しています。この時期を過ぎると、趣味嗜好が多様化してくるので、ファッション誌も社会人三～四年目以降向けのものは数が多く、バラエティに富んでいます。

その後、結婚して子どもが生まれると、また誰もが同じようなことで悩むようになるため、その層に向けては「mamatas」で対応するというのが私たちの戦略です。

ただ、最近はいろいろ変わってきていて、以前は「二〇代向けのファッション誌を一〇代の女性が読む」というように、上の年齢に対する憧れというものが割とあったのですが、今は逆に「四〇代が二〇代向けの雑誌を読む」といったケースも増えてきているようです。

Q3 「C CHANNEL」のユーザーはどこに意義を感じているのか。

森川 好きなタレントが出演しているテレビ番組と、そのタレントのブログ、ファンはどちらが見たいかといったら、たぶん両方でしょう。ただ、パーソナルなものを自分でつくるのは難しい。そこで、その人の魅力が引き出せるよう、私たちがクリエイティブな部分をサポートして、一段上のものをつくっているというわけです。

Q4　アジアや日本の若い人の心をつかむには何に気をつければいいのか。

森川　今の若者は、マスプロモーションや大衆化されたものを信用しない世代です。やはりいちばん大事なことは、一人ひとりとしっかりコミュニケーションできるかどうかではないでしょうか。

ちゃんとコミュニケーションできていれば、人は動くし、モノも買うと思います。そのためには、これまでのように大手広告代理店に頼んでイメージをつくるのではなく、経営者や開発者がＳＮＳでメッセージを発信することが重要になってくるはずです。

Q5　貴社は何に最も投資をしているのか。

森川　人の発掘と育成です。昔のタレントは台本を読むのが仕事でした。しかし、今はそれでは相手にしてもらえません。メッセージを自分の言葉で伝えられることが大事なのです。でも、日本の教育はそういうことをあまり重視していないので、それができるよう私たちがトレーニングをしているのです。

Q6　成功しているLINEを辞めて、なぜC Channelを立ち上げたのか。

森川　LINEは日本の会社ですし、社長の自分も日本人ですから、できれば日本人をなるべくたくさん登用したいと思っていました。ところが、どうもうまくいきません。たとえば、目標を出させると、日本人社員の出す数字がいつもいちばん低いのです。日本人はまじめなので、一〇〇%達成できる目標でないと怖くて出せないのです。

しかし、たとえ達成できなくても、高い目標を目指したほうが大きな結果を得られます。だから、「ビジネスの目標は高くしろ」といっているのですが、それでもできないのです。

これはどうも教育に問題があるに違いない。そう思った私は、LINEを辞めて日本のために教育をやろうと決めました。しかし、いろいろ調べてみると、教育の分野もかなり保守的で、私ひとりが頑張ったところで、そう簡単に変えられそうもありません。

同時に、「子どもたちが政治家や経営者をまったく信用していない」ということもわかってきました。それは、テレビがダメな政治家や経営者ばかりを取り上げるからで、結局はメディアの問題なのです。

また、私の目には、「世界中の人が日本に対し違和感を抱いている」ように見えていたのですが、やはりそれも、日本のよさを発見し、それらをきちんと伝えないメディアの責任です。

そこで、「そんなメディアを変革したい」という私自身の新たな方向性が見えてきました。それが「C CHANNEL」の立ち上げにつながっていったのです。

Q7　世界でフォロワー数を増やす戦略はなぜ必要か。

森川　日本のマーケットはかなり大きく、日本の中だけでブランドを構築し、商品のラインナップを増やすという発想にどうしてもなりがちです。しかし、ご存じのように、日本はこれから少子高齢化がどんどん進んでいきます。

だから、国内を深く掘るのではなく、横に広げて海外のシェアを取るという方向に行かないと、結局ジリ貧になるのは避けられないのです。

Q8　人気ユーチューバーでも、企業の色がついた途端、白々しく見えるようになったということがよくある。インフルエンサーにも同様のことがいえるのではないか。

森川　本人が商品をとことん試し、「本当に気に入ったから紹介している」ということが伝わらないと、ユーザーの心はつかめません。逆にそういう誠実さの持ち主でないと、多くの人にフォローしてもらえないと思います。

Q9　ECでは、楽天をはじめ、これまで多くの日本企業が中国で失敗している。御社はどこが違うのか。

森川　独自にプラットフォームをつくろうとすると、すぐに競合が現れ、政府がそちらを応援するので、それだと勝つのはかなり難しいでしょう。

私たちが行っているのは、プラットフォーム・オン・プラットフォームです。中国の強いプラットフォームと組んで、その中にプラットフォームの要素を入れ込み、そこでナンバーワンを取りにいくというやり方です。

これなら、日本のことが好きな人たちをターゲットにしているかぎり、負けることはありません。

Q10　日本企業の海外向け動画で、企業や商品のプレゼンスを高めた成功例を共有させてほしい。

森川　コスメの中でもスキンケア商品は、日本製に対する信頼感が高いこともあって、かなりうまくいっています。

それから和食は、アジアにおいてはキラーコンテンツです。食品やレシピの紹介が確実に販売拡大につながります。

Q 11　当社は着物を扱っているのだが、日本の着物や伝統工芸も「C CHANNEL」では扱っているのか。

森川　たしかに日本には質の高い商品がたくさんあります。ただ、そういうものはどうしても富裕層向けの展開となるので、ミレニアル世代がターゲットの中心である私たちとは、ちょっと違ってきます。

ただ、着物でいえば、一瞬で着られるようなものを出せば、ミレニアル世代にも受け入れられるかもしれません。

Q 12　LINE時代と今とではどちらがエキサイティングか。

森川　LINEのときは雇われ社長、今はオーナー経営者ですが、あまり変わりはありません。ただ、今の事業もある程度うまくいったら、また新しいことを始めるかもしれないので、そのときは雇われてもちゃんと結果が出せるよう、楽をせず、常に自分を追い込むようにしています。

（二〇一九年三月二日「ATAMI せかいえ」にて収録）

大前研一(おおまえ・けんいち)

早稲田大学卒業後、東京工業大学で修士号を、マサチューセッツ工科大学(MIT)で博士号を取得。日立製作所、マッキンゼー・アンド・カンパニーを経て、現在㈱ビジネス・ブレークスルー代表取締役会長、ビジネス・ブレークスルー大学学長。

著者は、『「0から1」の発想術』『低欲望社会「大志なき時代」の新・国富論』『「国家の衰退」からいかに脱するか』(共に小学館)、『大前研一 稼ぐ力をつける「リカレント教育」』『日本の論点』シリーズ(小社刊)など多数ある。

「ボーダレス経済学と地域国家論」提唱者。マッキンゼー時代にはウォール・ストリート・ジャーナル紙のコントリビューティング・エディターとして、また、ハーバード・ビジネス・レビュー誌では経済のボーダレス化に伴う企業の国際化の問題、都市の発展を中心として広がっていく新しい地域国家の概念などについて継続的に論文を発表していた。

この功績により1987年にイタリア大統領よりピオマンズ賞を、1995年にはアメリカのノートルダム大学で名誉法学博士号を授与された。

英国エコノミスト誌は、現代世界の思想的リーダーとしてアメリカにはピーター・ドラッカー(故人)やトム・ピーターズが、アジアには大前研一がいるが、ヨーロッパ大陸にはそれに匹敵するグルー(思想的指導者)がいない、と書いた。

同誌の1993年グールー特集では世界のグールー17人の1人に、また1994年の特集では5人の中の1人として選ばれている。2005年の「Thinkers50」でも、アジア人として唯一、トップに名を連ねている。

2005年、『The Next Global Stage』がWharton School Publishingから出版される。発売当初から評判をよび、すでに13カ国語以上の国で翻訳され、ベストセラーとなっている。

経営コンサルタントとしても各国で活躍しながら、日本の疲弊した政治システムの改革と真の生活者主権国家実現のために、新しい提案・コンセプトを提供し続けている。経営や経済に関する多くの著書が世界各地で読まれている。

趣味はスキューバダイビング、スキー、オフロードバイク、スノーモービル、クラリネット。

ジャネット夫人との間に二男。

大前研一
「7割経済」で勝つ新デジタルシフト

「BBT×プレジデント」エグゼクティブセミナー選書　Vol.13

2020年10月16日　第1刷発行

著　者　大前研一
発行者　長坂嘉昭
発行所　株式会社プレジデント社
〒102-8641 東京都千代田区平河町2-16-1
平河町森タワー 13F
https://www.president.co.jp　https://presidentstore.jp/
電話　編集(03) 3237-3732
販売(03) 3237-3731

編集協力　政元竜彦　木村博之
構　成　山口雅之
編　集　渡邉 崇　田所陽一
販　売　桂木栄一　高橋 徹　川井田美景　森田 巌　末吉秀樹
撮　影　大沢尚芳
装　丁　秦 浩司
制　作　関 結香
印刷・製本　中央精版印刷株式会社

ISBN978-4-8334-2389-2
Printed in Japan